UNE ÉTOILE FILANTE

– Le destin brisé d'Asmahane –

DU MÊME AUTEUR

LES CORBEAUX D'ALEP, Gallimard / Lieu commun, 1988.

UN SI PROCHE ORIENT, Grasset, 1991.

MON ROYAUME DE VENT, *Souvenirs de Hester Stanhope,* Grasset, 1994.

SALONS, COTON, RÉVOLUTIONS, Seuil, 1995.

MARIE SEURAT

UNE ÉTOILE FILANTE

— Le destin brisé d'Asmahane —

roman

BERNARD GRASSET
PARIS

Pour Alexandrie.

Par un matin brumeux du printemps 1940, à Oxford, Mary Baines lut dans les petites annonces du *Times* qu'un poste de chargé de cours était vacant à l'université Fouad Ier du Caire. Elle n'hésita pas une seconde à poser sa candidature. Rares étaient ceux qui osaient affronter le long voyage par ces temps de guerre. Elle reçut presque aussitôt l'avis de sa nomination.

Depuis plusieurs mois, elle espérait que l'Égypte, à laquelle elle avait consacré ses études, l'aiderait à oublier ses peines de cœur. Le jour où elle débarqua enfin de l'*Empress of Britain*, paquebot transformé en transport de troupes et qui, pour éviter les sous-marins allemands, avait fait l'interminable détour par Le Cap, elle fut étourdie par la vie trépidante et le vacarme incessant de la capitale égyptienne. La guerre n'avait rien changé. Le beuglement ininterrompu des avertisseurs de taxis se mêlait au braiment des ânes, aux chansons des groupes de permissionnaires, au hoquet strident des tramways, le tout sur fond de hurlements syncopés qui, sous le ciel lumineux d'Égypte, n'était que la rumeur de milliers de conversations à l'air libre. Dans sa chambre d'hôtel, elle ne put s'endormir qu'à l'aube.

Se jeter dans le travail était son seul programme. Il lui fallait, de toute urgence, trouver un logement. Elle loua à Garden City une petite villa assez mal en point, cernée de lauriers-roses, au milieu d'un jardin ensablé. L'intermédiaire, un Syro-Libanais entreprenant, lui signala, comme si ce détail donnait plus de valeur à la maison, qu'elle était la voisine de la chanteuse Asmahane dont il lui fit voir la demeure : un palazzo à l'italienne à demi enfoui dans la verdure et les fleurs.

Quelques jours après son installation, Mary fit la connaissance, dans un bureau torride du British Council, d'un jeune homme au visage de bouledogue intelligent, qui se présenta : « Lawrence Durrell, survivant de la campagne de Grèce. Appelez-moi Larry, vous me ferez plaisir. » Il avait pu passer en Égypte peu avant la chute d'Athènes, où il enseignait l'anglais, et il occupait dans les services d'information un poste dont il parlait comme d'une sinécure qui lui laissait le loisir d'écrire. Quand il eut constaté qu'ils aimaient tous deux Blake et qu'elle connaissait Henry Miller, il lui dit qu'elle était digne d'être introduite dans le milieu intellectuel et artistique de la ville.

— Nous allons commencer par mon patron, sir Walter Smart, alias Smartie. C'est un personnage très important, un arabisant distingué, conseiller pour les Affaires d'Orient. Il a la haute main sur tous les services de propagande. Surtout, c'est un homme plein d'humour et de gentillesse. Toute la bonne société du Caire se bouscule chez lui.

— Figurez-vous qu'il est apparenté à l'une de mes amies. Elle me l'a présenté l'an dernier à Londres, mais je doute qu'il se souvienne de moi.

— Oh, se récria Larry, vous lui faites injure. Il a autant de mémoire que de goût. Lady Smart, que nous appelons Amy, est peintre. A leur réception, ce soir, il y aura sûrement vos collègues du département d'anglais de l'université, Robin Fedden et Bernard Spencer. Nous préparons ensemble une anthologie qui aura pour titre « Personal Landscape ». Tous les militaires cultivés l'auront dans leur musette : ce sera la lecture chic de la guerre du désert.

— Je suis tout de même ici pour voir autre chose que nos Anglais qui transportent leur île dans leur valise...

— Ne vous moquez pas d'eux. En Irak, en ce moment même, nos officiers s'habillent chaque soir pour dîner de corned-beef, par une chaleur de four, dans des baraques de tôle ondulée. Pas mal, non ?

— J'ai vu dans votre bureau le mensuel qui retrace les activités de la bonne société du Caire. On s'habille beaucoup ici aussi.

— Vous n'imaginez tout de même pas qu'il suffit d'une guerre mondiale pour mettre un terme à la futilité ?

Le soir, Mary, à la réception, portait, pour bien montrer qu'elle se refusait aux mondanités, une jupe noire, des souliers plats et un chemisier un peu fatigué. Elle n'en attirait pas moins les regards admiratifs. Sa silhouette élancée et sa blondeur éclatante étaient celles de l'adolescente qui parcourait à cheval les terres de lord Seymour Baines, son père. A seize ans, elle avait compris que les buissons du labyrinthe étaient aussi artificiels que les cailloux roses des allées. La vraie nature, la vraie vie étaient ailleurs, et il faudrait les chercher hors d'Angleterre. Les lectures, la musique et la peinture l'avaient aidée à s'évader. L'Égypte ancienne l'avait séduite, et elle lui avait consacré huit ans d'études et une thèse de doctorat. Elle passait à Oxford pour le type rarissime de l'universitaire sans lunettes, capable durant toute une soirée de ne pas dire un mot de sa discipline. La guerre n'avait que provisoirement retardé un séjour au Caire qui était inscrit dans sa carrière et, plus encore, dans son destin.

Elle admirait la collection d'izniks qui luisaient dans les présentoirs, les murs revêtus de vastes casiers de bois précieux où étaient alignés des livres. En s'approchant, elle vit avec étonnement que chacun d'eux était pourvu d'une jaquette, brune, argentée ou dorée. Elle se demanda quelle logique présidait à cette division en trois couleurs, qui semblait due à un esprit organisé, mais n'eut pas le temps de faire son enquête.

Larry ne la lâchait plus et prétendait lui désigner les personnalités les plus marquantes de la réception, mais, dans son ardeur de cicérone, il allait trop vite.

— Robin est là, mais je ne vois pas Bernard, disait-il. Là-bas, le grand brun avec une orchidée à la boutonnière, c'est Georges Henein, grande famille copte. Il prépare un livre sur l'Allemagne, la bonne, bien sûr, celle de Goethe, de Schiller et de Hölderlin. Je crois qu'en pleine guerre il va lui donner pour titre « Éloge de l'Allemagne ». Amusant, n'est-ce pas ? Il publie une revue littéraire mais nous sommes bons amis quand même. A son habitude, il est entouré de Français. L'officier d'aviation qui a l'air d'un violoniste a un nom impossible à retenir, quelque chose comme Lioncornu-Moulineaux. C'est lui qui, avec André Malraux il y a six ans, a découvert au Yémen le prétendu palais de la reine de Saba. Il est en train de parler à un certain Georges Gorse. A sa gauche, l'homme au teint pâle est le Docteur Godel, le fameux cardiologue. Il a l'air malade depuis qu'il a été gazé à Verdun, mais il se porte comme un charme. Le fumeur de pipe est le journaliste Gabriel Dardaud, l'un des hommes les mieux informés du Caire, où il connaît le moindre marchand de foul, cette bouillie de fèves nauséabonde et grasse. Près du buffet, juste devant la pièce montée, le petit barbichu à lorgnon d'or avec un col cassé et des guêtres est le successeur de Farouk dans l'ordre dynastique, le prince Mohamad Ali, cousin du roi. Le général anglais qui lui parle, avec son allure de paysan, s'appelle Stone...

— Arrêtez, la tête me tourne ! protesta Mary. Pour quelqu'un du British Council, vous faites un bien mauvais pédagogue. J'ai tout mon temps ; j'ai signé mon contrat pour la durée de la guerre.

Il poursuivit :

— La dame en robe vert pomme et chapeau fleuri, c'est la célèbre exploratrice Freya Stark dont vous avez peut-être lu *East meets West.*

Mary avait lu ce livre et se promit de faire

connaissance avec son auteur. Au fond, elle n'avait de l'Orient qu'une vision livresque, poudrée de poussière d'archives. Celle de Freya promettait d'être plus vibrante.

— Allons au buffet, reprit Larry. Le champagne est excellent chez Smartie. Je le soupçonne de s'approvisionner clandestinement auprès de Pozzi, le ministre de Vichy. Tant pis ! En matière de boissons, il ne faut pas avoir de préjugés.

Elle le suivit, amusée par sa verve. Elle avait l'impression qu'aux yeux de ceux qu'ils rencontraient, elle passait pour sa dernière conquête et cela n'était pas pour lui déplaire. A leur passage, le vieux prince héritier braqua son lorgnon sur sa tignasse blonde et lança d'un air égrillard un mot français peu usité qui lui parut être « faramineux ». Quand on passa à table après le « elle ne viendra plus » résigné du maître de maison, Mary se retrouva cernée d'innombrables verres en cristal, coupes et couverts étincelants. Soudain, les conversations baissèrent d'un ton. Une jeune femme brune aux yeux verts immenses faisait son entrée et gagnait sa place sans même demander qu'on excusât son retard. Elle était au bras d'un jeune homme aux boucles brunes, presque un enfant, qui regardait de tous côtés d'un air effarouché. Sir Walter se leva et se précipita à la rencontre du couple.

Mary s'amusa à inventer une histoire à l'arrivante. Une créature aussi glamour vivait certainement dans une splendide propriété d'Héliopolis où elle montait des pur-sang. Il y avait de l'arrogance dans son attitude et elle semblait trop sûre d'elle pour l'être vraiment. Oui, il y avait en elle quelque chose d'excessif qui faisait songer à une jeune fille défiant les regards à son premier bal costumé.

— Époustouflante ! dit Mary à mi-voix.

Larry sembla trouver le mot tout naturel.

— Oui. Les yeux les plus étonnants du Caire. C'est Amal al-Attrach, ou, si vous préférez, la chanteuse Asmahane. Vous avez certainement entendu parler d'elle, elle est très à la mode ces temps-ci ? Le garçon qui l'accompagne est son jeune frère Farid.

— J'ai appris en m'installant à Garden City que cette Asmahane est ma voisine. Sa villa semble habitée, mais je ne l'ai jamais vue y entrer ni en sortir.

— Elle est très souvent à Alexandrie. En outre, vous n'avez sans doute pas les mêmes horaires. Je suppose qu'il vous arrive de dormir la nuit.

Après le dîner, sir Walter et lady Smart firent mine de se souvenir qu'ils avaient rencontré Mary à Londres. La maîtresse de maison demanda à Mary de l'appeler Amy et de considérer que sa demeure lui était ouverte. Elle la présenta à Asmahane qui lui tendit une main distraite et lui adressa, dans un anglais correct, quelques mots de bienvenue en Égypte. Quand elle vit la chanteuse entourée par ses admirateurs, Mary tenta d'analyser la singulière impression qu'elle lui faisait. Il y avait dans cette femme une séduction peu commune, mêlée à quelque chose d'anxieux, de tendu, comme si la vie la contraignait à interpréter un rôle au-dessus de ses forces.

Asmahane n'était encore jamais venue au Palais, mais elle avait souvent eu l'occasion de se produire devant le roi. Pas un établissement de luxe du Caire ou d'Alexandrie où il n'eût, en permanence, sa table réservée. Quand elle commençait son tour de chant, il braquait sur elle le lorgnon à monture d'or, aux verres teintés, qui lui donnait l'air d'un chat-huant, et l'examinait à la façon dont, dans un bordel, un client s'assure qu'une prostituée sera à son goût. Elle le détestait et l'avait surnommé le « gros verrat ». La dernière fois qu'il lui avait fait la cour, il était ivre, et elle avait dû écarter ses mains qui s'égaraient. Mécontent d'avoir à se satisfaire de deux baisers sur la joue, le monarque avait grommelé quelque chose avant de s'éloigner, flanqué du frétillant Pulli bey, son homme de confiance et entremetteur, en quête d'une proie plus docile.

Farouk ne lui en voulait sans doute pas trop de cet échec puisqu'il l'avait invitée, ce soir-là, à chanter au palais d'Abidine, énorme bâtisse du XIXe siècle dont l'architecture pompeuse trahissait l'ambition d'égaler Buckingham Palace. Asmahane gravit l'escalier qui menait au perron et marqua une pause pour se composer un sourire avant de franchir la porte. Elle savait comment elle serait accueillie : comme une artiste à mi-chemin entre l'amie intime et la domestique.

La salle, immense, était encombrée d'énormes colonnes qui lui donnaient l'aspect d'un mausolée et en rendaient sans doute l'acoustique exécrable. Asmahane fut introduite dans un salon par un serviteur vêtu d'une livrée de velours grenat. Tous les meubles étaient dorés, comme les galons et les glands qui ornaient les fauteuils. Aux murs, les tapisseries Louis XIV avaient été manifestement tissées autour de 1870. Des rideaux vert bouteille aux embrasses dorées, elles aussi, encadraient les hautes fenêtres. Le tapis, d'une finesse surprenante pour des heriz, était parcouru de longues arabesques rouges qui s'achevaient en têtes de dragons.

Asmahane se dirigea vers la glace qui trônait entre deux globes en cristal de Bohême. Dans la lumière plate d'un lustre surchargé de palmettes, elle contempla sans indulgence la jeune femme qui lui faisait face. Elle avait refusé, en dépit de l'insistance de l'envoyé du Palais, de se déguiser en Bédouine pour cette fête. Elle ne pouvait s'expliquer la fascination qu'elle exerçait sur tant d'hommes. Le reflet que lui renvoyait le miroir était celui d'un visage las aux yeux éteints.

Pour la dernière répétition, le petit orchestre l'attendait ; six violons, un violoncelle, trois ouds, une cithare, deux nays et quatre tambourins. Elle avait passé la journée à se remettre en mémoire les poèmes d'Abdel Wahab. De toute façon, elle ne se sentirait jamais prête à affronter la clique du Palais. Son jeune frère, Farid, lui aussi chantait mais n'était pas encore admis à faire ses preuves. Il lui tendit son porte-bonheur : deux petits anges de cuivre joints par les mains et les ailes, sans lesquels Amal ne trouvait pas la force d'articuler le moindre son. Le talisman se logea, comme un animal familier, dans la moiteur de sa paume. Au contact du métal froid, elle tressaillit et soupira, inquiète. Farid lui murmura : « Dieu est avec toi, ne l'oublie jamais. » Elle noua et dénoua son boa. « Avec moi ? Mais de quel Dieu parles-tu ? Du mien ou du leur ? »

Soudain, elle avait revécu le terrible récital d'Alexandrie. Ce soir-là, elle s'était retrouvée devant un parterre de notables ventrus, quelques dames grecques déguisées en petites filles, le maire de la ville et des officiers anglais accompagnés de fausses blondes. De la salle montait une odeur de sueur et d'oignons frits. Elle tenta de faire patienter le public, ferma les yeux, inspira tout l'air que pouvaient contenir ses poumons et fit signe que les musiciens commencent. Un spectateur s'était alors levé en hurlant : « Je préfère écouter Oum Kalsoum à la radio ! » Sa voix s'était mise à trembler. Des gens riaient en lui lançant des piécettes.

Le cauchemar se terminait toujours de la même façon. Quelqu'un lui saisissait le bras et la tirait en arrière.

Elle chassa cet affreux souvenir. Ce soir, tout serait différent, elle n'était plus une débutante. Elle alla entrouvrir la fenêtre pour contempler le ciel nocturne, et eut un mouvement de recul. Le salon surplombait un immense hall, éclairé par des milliers de bougies. Des tables basses et des amoncellements de coussins entouraient des bassins en forme d'étoiles à huit branches. De hauts troncs de peupliers, revêtus de fleurs de la base à la cime, soutenaient une gigantesque tente dont la partie supérieure était maintenue roulée, comme le vélum d'un cirque, par des cordages de soie blanche. Au milieu des invités, quelques Bédouins promenaient des chameaux sellés de cuir multicolore. Elle était trop haut perchée pour distinguer les visages, mais son public était toujours le même : des princesses turco-égyptiennes aux yeux de braise, des hauts fonctionnaires, leur tarbouche allant du rouge cerise au lie-de-vin en passant par le carmin, des officiers britanniques, et la faune cosmopolite des amis personnels du souverain, compagnons de ribote et de nuits blanches. Fouad, son frère aîné, quelque part dans la foule, la surveillait d'un œil jaloux, comme d'habitude.

Dans un coin de la tente géante, les tambourins luttaient contre le vacarme des conversations. Une lourde odeur de tubéreuse se mêlait aux bruits de la fête, odeur que les pharaons avaient humée des siècles avant les personnages des « tableaux vivants » que donnait Méhémet Ali et que Farouk prétendait ressusciter avec sa soirée bédouine en cette fin d'année 1940.

Près de la scène, un groupe de courtisans s'empressait auprès d'une femme. Ce devait être ou la reine mère Nazli ou la princesse Chievikar. Elles se haïssaient et se montraient rarement ensemble, sinon pour se surveiller. La princesse Chievikar, organisatrice de toutes les fêtes, avait été la première épouse du roi Fouad mais n'avait pu lui donner d'héritier mâle. Remplacée par Nazli dans le cœur et le lit du souverain, la répudiée avait décidé de se venger. Elle était devenue la confidente et la complice amusée des frasques de Farouk, auquel elle fournissait distractions et maîtresses. Dans le peuple, on la surnommait « la grande proxénète ». Nazli, désespérée de voir celle qu'elle avait évincée dépraver son fils, avait fini par le marier à la belle Farida, croyant trouver une bru à sa convenance. Mais Farida, après une lune de miel qui avait mobilisé la presse nationale et internationale, n'avait pu remplir le rôle qui lui était assigné. Elle avait sombré dans l'aigreur et les récriminations des épouses délaissées.

Asmahane portait une robe moirée vert sombre telle la carapace d'un scarabée pharaonique. Mais ce soir-là, son énergie l'avait abandonnée et elle attendait qu'une main la poussât au milieu de la scène. Les applaudissements crépitaient en vagues régulières. Quand ils commencèrent à décroître, elle n'eut plus le choix et, le signal donné pour la troisième fois, elle avança, la gorge nouée, et passa, en esquissant une révérence devant le roi, affalé sur un coussin rouge à franges dorées. La princesse Chievikar, ses yeux d'iguane aux aguets dans son long visage figé aux lèvres minces, était assise à sa droite. Les musiciens s'étaient déjà installés en demi-cercle. Asmahane prit place devant eux, dans le rond de lumière que dessinait le projecteur. Il lui sembla que les notes de la cithare résonnaient dans le vide, et qu'elle allait manquer son attaque. Elle réussit pourtant sans peine à la caler sur celle des violons de l'accompagnement, et se sentit soudain apaisée. *Qu'elle est belle, la vie du fellah !* avait été un grand succès depuis qu'elle avait commencé à la chanter sous les eucalyptus de l'université du Caire, la chevelure prise dans un fichu, le front barré de corail et de pièces d'argent, devant cinq mille étudiants. Ce jour-là, elle avait prouvé qu'elle pouvait, comme Oum Kalsoum, enflammer un immense auditoire.

Elle se lança. Les yeux mi-clos, avec un fluide mouvement des épaules, lentement elle se fondait dans la mélodie, escaladant le pic étincelant des aigus puis se laissant sombrer dans l'abîme des graves. Elle ralentissait sa respiration puis la bloquait avant de repartir sur un rythme saccadé, comme si tout à coup elle voulait se dégager d'un poids. Elle aperçut enfin Mohamad Tabeï, adossé à une colonne de marbre rouge.

Depuis qu'à Alexandrie il l'avait sauvée du désastre de cette salle hostile, en écrivant dans son journal que le public avait eu tort de la siffler, Amal le considérait comme le premier et le plus sincère de ses admirateurs. Il ressemblait à Joseph Cotten et plus d'une mère considérait Mohamad Tabeï comme un très beau parti, rêvant de l'avoir pour gendre. Bien qu'il eût passé la trentaine, on ne lui connaissait que des aventures sans lendemain. Il avait refusé de reprendre l'affaire paternelle et l'argent n'était pas le premier de ses soucis, mais on le savait riche. La princesse Chievikar attribuait son célibat prolongé à un amour malheureux, mais cette version ne trouvait pas beaucoup de partisans. Amal croisa son regard et se sentit réconfortée. Elle lui fit un petit signe de connivence. Confortablement installé devant lui dans un fauteuil, œillet d'Inde à la boutonnière, le grand chambellan Mohamad Hassanein prit le signe pour lui et répondit par un sourire. Quand les applaudissements cessèrent, le faisceau du projecteur quitta la silhouette de la chanteuse pour se porter sur les musiciens. Ils attaquèrent un air du Soudan profond, et dans le staccato sauvage des tambourins, Hassanein fendit la foule pour aider Asmahane à descendre de l'estrade. Il lui prit la main et la porta à ses lèvres.

– Je n'avais pas encore eu l'honneur de vous rencontrer, chère Madame Asmahane, dit-il. J'ai pris beaucoup de plaisir à vous écouter. Plus que du plaisir, du bonheur.

– Asmahane est mon nom de scène. Pour mes amis, je suis Amal, Monsieur le grand chambellan, dit-elle en lui souriant.

– Je propose qu'à compter de ce jour, vous cessiez de me donner mon titre officiel et moi, je cesserai de vous donner votre nom de scène. Il n'y a plus de Madame Asmahane. Il n'y a plus de Monsieur le grand chambellan mais Amal et Dodi. C'est ainsi que mes amis me nomment.

Elle n'ignorait ni sa réputation de bourreau des cœurs, ni sa liaison avec la reine Nazli. Ancien précepteur de Farouk, play-boy quinquagénaire aux tempes si savamment argentées que le coiffeur devait y avoir plus de part que les années, Hassanein était en Égypte une sorte de vice-roi qui jouissait à la fois de la confiance du souverain et de celle des Anglais. Sportif accompli, il avait, dans sa jeunesse, exploré le grand désert occidental et obtenu la médaille d'or de la Société royale de géographie de Londres. Il eut un geste désolé à l'intention de sa nouvelle amie et se tourna vers l'ambassadeur d'Espagne qui, la mine soucieuse, attendait de lui glisser quelques mots.

Dès qu'Amal se fut éloignée, Farouk prit à témoin la princesse Chievikar.

— Notre Don Juan pourrait économiser ses compliments mielleux ! Ce pauvre Hassanein ne peut pas voir un jupon sans s'enflammer ! La petite est jolie et a du talent, mais elle le sait un peu trop. Oum Kalsoum elle-même est plus modeste ! Pour qui se prend-elle ?

— L'essentiel est que sa voix ait donné du plaisir à Votre Majesté.

— A vous dire la vérité, je n'écoutais pas. Je suis très contrarié. L'une des tasses de mon service en or massif a disparu.

— Quel dommage ! dit la princesse que ce souci étonnait et qui subodorait quelque tour. Elle n'est peut-être qu'égarée.

— Je suis sûr qu'elle a été volée. Mes hôtes sont, évidemment, au-dessus de tout soupçon. Mais il y a les autres. J'ai donné l'ordre de les fouiller.

Elle vit s'épanouir le sourire qui accompagnait ses mauvais coups.

— Votre Majesté a donné ordre de fouiller les domestiques ?

— Oui. Et les artistes.

— Les artistes ?

— Bien sûr. Ce sont souvent de fieffés kleptomanes. Les étuis à violon sont si commodes pour emporter un larcin !

Elle se retint d'éclater de rire. La kleptomanie de Farouk était légendaire. Les victimes faisaient mine de ne s'apercevoir de rien, mais tous ceux qui approchaient le roi mettaient à l'abri de sa main vagabonde ce qu'ils avaient de précieux. Le souverain, en leur donnant l'accolade, allait parfois jusqu'à les délester de leur portefeuille. Elle comprit soudain la machination. Cela ne faisait pas son affaire. Elle avait compté sur Asmahane pour séduire Hassanein, dans l'espoir de rendre folle de jalousie son ennemie la reine Nazli. Le grand chambellan, comme prévu, avait mordu à l'hameçon. Et voici que Farouk compliquait le jeu avec sa vengeance mesquine.

— Ce n'est pas bien ! dit-elle en levant le doigt pour une réprimande amicale. Votre Majesté rencontre si peu de femmes cruelles qu'Elle ne devrait pas leur en tenir rigueur. Cette Asmahane succombera tôt ou tard !

Il se récria.

— Voyons, chère princesse, qu'allez-vous imaginer là ? Quelle étrange idée ! Moi, me venger d'une femme ! Vraiment, vous avez l'esprit bien mal tourné aujourd'hui !

— Votre Majesté me rassure. Cette jeune femme est incapable du moindre larcin.

— C'est possible mais, hélas, il faut qu'elle soit fouillée elle aussi. C'est une mesure générale, qui ne la vise pas personnellement. Un objet de valeur appartenant à l'État a disparu. Mon devoir de bon gestionnaire...

Elle lui sourit d'un air si ironique qu'il s'arrêta net. Il y avait peut-être encore un moyen d'empêcher cette sottise.

— Est-ce bien habile ? demanda-t-elle. Asmahane, bien qu'elle vive au Caire, demeure l'épouse de l'émir al-Attrach. Ces Druzes sont d'une susceptibilité incroyable et passent leur vie à se venger des affronts, réels ou imaginaires.

— Rassurez-vous. Ce n'est plus qu'une princesse de cabaret. Son émir l'a pratiquement répudiée. D'ailleurs, de quoi se plaindrait-elle ? D'avoir été fouillée comme les autres, loin des yeux indiscrets ?

La princesse Chievikar se tut. De toute façon, l'incident serait vite oublié. L'essentiel était ailleurs : ce grand brochet concupiscent d'Hassanein était ferré. S'il voulait prendre la défense de sa belle, il accroîtrait encore la fureur de Nazli.

Séparée des musiciens et entraînée dans un boudoir par une imposante matrone aux avant-bras tatoués de croix qui balbutiait des phrases confuses, Amal l'écarta d'un geste impatient.

— Mais enfin, que me veux-tu ? Mes frères m'attendent. Ote-toi de mon chemin.

— Que Madame me pardonne. On a perdu une tasse d'or du service royal et on la cherche partout. Moi aussi, j'ai été fouillée...

La lumière se fit en elle. C'était la vengeance du gros verrat ! Amal se sentit envahie par un si profond dégoût de l'homme capable de cette bassesse que son indignation et sa révolte en furent comme anesthésiées.

— Fouille-moi donc. Allons, fais ton travail. Je sais bien que tu n'y es pour rien, dit-elle en ouvrant le minuscule sac du soir où il eût été aussi difficile de glisser une tasse qu'une soupière.

La matrone parut soulagée.

— Voilà, c'est fait. Je vous demande mille fois pardon, Madame Asmahane. Vous chantez si bien, et vous êtes si jolie ! Et le vert de vos yeux ! J'écoute chaque mois votre récital à la radio. Ma fille ne parle que de vous.

A la manière des stars américaines qu'elle admirait sur les écrans de la place Ezbekieh, Amal donna un autographe à la matrone ravie. Quand elle sortit de la petite pièce, Hassanein l'attendait. Il lui offrit son bras pour la conduire jusqu'à ses frères en lui assurant qu'il s'agissait d'un malentendu. Elle fit semblant de le croire. Elle voulait demeurer en Égypte, où elle avait eu tant de peine à revenir. Or on ne restait pas longtemps en Égypte si l'on dénonçait la vilenie du roi Farouk.

La rencontre d'Amal avait, pour un moment,

fait oublier ses soucis au grand chambellan. L'Égypte devait-elle déclarer la guerre aux puissances de l'Axe ? L'ambassadeur de Sa Majesté britannique, sir Miles Lampson, y poussait et il avait réussi à amener Churchill à partager ses vues. Dans ce cas, Hassanein redoutait des troubles, car la cour comptait beaucoup de germanophiles. Il soupira : rien ne l'empêcherait de se lancer dans une nouvelle aventure amoureuse.

Dans la fraîcheur du vestibule à colonnes d'un hôtel edwardien orné de palmiers poussiéreux, Mary sirotait un thé glacé quand le groom poussa la lourde porte à tambour pour livrer passage à une jeune femme. Elle eut à peine le temps de reconnaître la chanteuse Asmahane que celle-ci s'avançait jusqu'à sa table.

— Mary, n'est-ce pas ?

Elle tendit la main et, à son contact, l'Anglaise fut saisie d'une brève panique, comme si elle s'était trouvée devant un félin imprévisible.

— Nous nous sommes rencontrées chez sir Walter, dit Amal en se carrant dans un fauteuil. Vous êtes professeur et peintre, et vous habitez près de chez moi. Je ne risquais pas de vous oublier. Je ne connais personne qui possède cette carnation et une telle masse de cheveux blonds.

Sans attendre de réponse, elle commanda un whisky.

— J'ai besoin de réconfort, reprit-elle, depuis que j'ai dû, comme disent les Français, avaler une couleuvre. Tout Le Caire est au courant de mon goût pour la vaisselle de Sa Majesté. Mais mieux vaut en rire, n'est-ce pas ?

Mary prit soudain conscience, avec un pincement au cœur, qu'elle avait envie de faire le portrait de cette femme. Plus tard, elle s'imaginerait avoir eu, à cet instant précis, l'intuition qu'elle serait entraînée aux côtés d'Amal al-Attrach dans une course folle entre Jérusalem, Le Caire et Damas.

— Il paraît que vous avez souhaité venir en Égypte, mais pas par patriotisme. Tant mieux ! Nous avons bien assez d'héroïnes de bureau et d'hôpital. Mais alors, pourquoi êtes-vous ici ? Tout de même pas pour enseigner ?

Elle semblait soucieuse d'éclaircir ce mystère. Mary eût aimé la satisfaire. La vie serait moins ennuyeuse si, de temps à autre, on pouvait dire la vérité. Mais il fallait la laisser deviner.

— Je suis venue en Égypte pour des raisons inavouables, dit-elle, l'air faussement contrit.

— Je vois. Votre vie doit ressembler à la mienne. Mais ma pyramide à moi est faite de balles de ping-pong. C'est joli, mais terriblement instable !

Amal forma un triangle de ses deux mains jointes.

— Vous êtes originaire de Syrie, n'est-ce pas ? demanda Mary, qui ne souhaitait pas pousser plus avant les confidences.

— Oui, plus exactement du djabal Druze, une espèce de coupe-gorge, mais j'ai passé mon enfance ici, ce qui n'empêche d'ailleurs pas les Égyptiens de me chicaner sur mon permis de séjour. Avant la guerre, je vivais dans le Djabal avec mon mari, l'émir Hassan, et ma fille. Mais je voulais vivre ici et recommencer à chanter. Alors, je suis partie. Dans nos pays, entre les époux, les frères et les oncles, une femme est rarement libre.

Elle parlait sur un ton direct, à la fois intime et détaché, et regardait Mary en souriant de ses yeux verts que bordaient d'épais cils noirs. C'était donc la femme dont la colonie britannique parlait en termes ambigus et vaguement désapprobateurs, le plus souvent sans la connaître ?

— Le Caire est un endroit qui ne manque pas de charme pour quelqu'un comme vous, reprit Amal.

Pressentait-elle un secret ? Mary écarta la question dès qu'elle lui vint à l'esprit. Elle n'allait tout de même pas sombrer, à trente ans, dans le délire de persécution de certaines de ses collègues universitaires !

— J'ai beaucoup d'amis, et je ne me sens pas du tout seule. En fait, le mot n'est pas juste. Je ne suis pas seule, je suis solitaire.

— Alors nous avons quelque chose en commun. Mais ce n'est peut-être pas de la même solitude que nous parlons. En dehors de la peinture, que faites-vous exactement ?

— J'enseigne l'égyptologie à l'université.

— Je déteste tout ce qui est mort, décrépit ou poussiéreux. Vous ne pouvez pas ne vous intéresser qu'aux momies et aux vieilles pierres. Je vous ferai connaître Le Caire d'aujourd'hui.

L'inflexion de la voix était assez amicale pour faire passer le *you* pour un tutoiement. Il y avait un moyen très simple de vérifier l'hypothèse.

— Je ne demande qu'à m'instruire, répondit Mary dans son meilleur français. Je n'ai pas la moindre intention de m'en tenir aux monuments.

Amal reprit :

— Tu as bien raison. Le Caire, c'est la vie. C'est pour cela que j'aime cette ville. Une voyante m'a prédit que je ne vivrai pas longtemps, alors je force l'allure. Les amitiés brèves sont les plus belles. Maintenant, il faut que je file. A l'anglaise...

Elle rit, convaincue d'avoir fait une excellente plaisanterie. Elle avait prononcé avec tant de sérieux la petite phrase sur la prédiction de la voyante que Mary la regarda, effarée. Amal éclata de rire. Comment une Anglaise, même égyptologue, aurait-elle compris ce qu'est la voyance ?

La grande pièce au sol dallé, meublée seulement de deux chaises et du chevalet et protégée du soleil par les volets presque entièrement clos, ressemblait à un campement depuis que Mary en avait fait son atelier. Elle travaillait à un tableau inachevé qu'elle avait emporté sans conviction, presque certaine qu'elle n'aurait jamais le courage d'en venir à bout.

Amal s'arrêta sur le seuil, séduite par le spectacle : les dizaines de pinceaux de tailles différentes, les journaux épars sur le sol, les boîtes de pastel et les cartons, un désordre qu'animaient les serviettes tachées de couleurs sur le dos des chaises. Elle découvrait un univers sans rapport avec le sien, celui des micros et des caméras. Elle regarda Mary déchirer en deux un drap blanc d'un geste brutal et résolu où rien ne subsistait de sa réserve et de sa délicatesse. La blonde Anglaise, patiente et tolérante, faite pour donner ses cours et prendre le thé avec des collègues de l'Université se révélait pourvue de mains d'acier. Peut-être y avait-il en elle une passion souterraine et puissante. Amal chercha à la retrouver dans ses tableaux, mais ils ne lui semblaient ni beaux ni laids : des juxtapositions de couleurs, des barbouillis informes qui auraient pu être l'œuvre d'un enfant ou d'un illettré. Un lac de bitume se déversait dans un golfe bleu qui laissait place, dans le coin inférieur droit de la toile, à une grosse tache blanche. Était-ce un nuage ? Amal se déplaçait devant les peintures d'un pas tantôt rapide tantôt langoureux. Pour se donner une contenance, elle alluma une cigarette, l'écrasa aussitôt dans l'assiette creuse débordante de mégots que l'artiste utilisait en guise de cendrier, puis fit le tour de l'atelier. Mary s'aperçut de sa gêne.

— J'ai changé récemment de manière, dit-elle. Si tu veux voir ce que je faisais avant, regarde dans le carton là-bas.

Amal feuilleta une liasse de dessins. Des chevaux, des arbres, les clochers d'Oxford vus des prés avoisinants, des portraits d'hommes et une caricature de lord Kitchener qui la fit s'esclaffer. Elle se sentait beaucoup plus à l'aise devant cette forme d'art.

— Pourquoi ne pas continuer dans cette

manière. C'est bien. Et au moins, on y comprend quelque chose.

— C'est trop facile. Maintenant, je suis passée à l'abstrait. Un jour ou l'autre, il faudra que je détruise tout cela.

Amal joignit les mains pour conjurer le dieu de la destruction.

– Toujours la pyramide de balles de ping-pong ? Il faut qu'elle s'écroule de temps en temps. C'est cela, n'est-ce pas ? Dommage, j'aime bien tes portraits. C'est curieux, il n'y a que des hommes. Si tu veux vraiment les détruire, fais-m'en cadeau. J'enverrai un domestique les chercher. Je te promets que tu n'en entendras plus parler.

Mary acquiesça. Elle se sentait à la fois lasse et soulagée, comme si on venait de la délivrer d'un fardeau.

— Je dois m'en aller, maintenant, dit Amal. J'ai une répétition. Les gens croient que, pour chanter, il suffit d'ouvrir la bouche, mais cela demande beaucoup de travail. Autant que pour peindre. Nous nous reverrons souvent. Ce n'est pas par hasard que tu es venue t'installer à ma porte. Le hasard n'existe pas. Nous serons amies. Des amies très proches.

L'insistance était étrange, mais rien dans son attitude ne permettait de supposer qu'il s'agissait d'autre chose que d'une sympathie exprimée avec le lyrisme oriental. Dès qu'elle eut disparu, Mary se versa un verre de gin. Elle regarda par la fenêtre. Amal suivait le petit chemin sablonneux qui menait à son palazzo, dans l'immobilité brûlante de l'après-midi. Elle admira sa démarche, son naturel, sa grâce. C'est de ce pas qu'elle eût aimé traverser la vie.

Le Caire rappelait à Mary le midi de la France qu'elle avait visité avant la guerre. Il y avait dans cette ville quelque chose de Nice et de Marseille. L'architecture indéterminée des quartiers modernes lui faisait penser aux villas prétentieuses de la Belle Époque, et les lourds immeubles louis-philippards du centre lui semblaient bâtis en poussière compressée. Dans le labyrinthe, elle trouvait peu à peu son fil d'Ariane. La vieille ville la fascinait, mais tout nouvel arrivant européen, avant de prétendre s'aventurer dans ses ruelles ou se déchausser dans ses mosquées, devait suivre, sous le contrôle des anciens, une sorte de parcours obligé.

Le Caire n'était plus un coin d'Orient à l'écart du monde : c'était désormais le refuge ou le poste de commandement de tous ceux qui fuyaient ou combattaient l'Axe. Dans la grande crise engendrée par cette guerre, pour se rendre d'un lieu à un autre sans se heurter à la botte allemande, il fallait passer par là. Pour décrire convenablement la ville, il aurait fallu évoquer « la magie d'un Nijinsky bondissant dans les airs ou d'une Pavlova se repliant sous ses plumes ».

Sir Walter, affable et détendu comme s'il n'avait rien d'autre à faire que guider les belles Anglaises, l'emmena faire la connaissance du Shepherd's, où, en raison de la densité de jeunes officiers affamés d'aventures, une femme ne se risquait pas seule sans arrière-pensée. Chef-d'œuvre d'anachronisme, le palace abritait un dédale de sombres salons de style pharaonique, avec ses statues de femmes en ébène, ses meubles incrustés de perles et ses lampes qui diffusaient une lumière dorée... Elle se promena dans les interminables corridors pavés de marbre rose, bordés de palmiers en pots et de tapisseries décolorées.

Le club Méhémet-Ali, avec ses maîtres d'hôtel paternels et ses chandeliers géants, l'ennuya, et elle n'y fit qu'une brève apparition en compagnie de son chef de service, mais l'un des deux cafés Groppi, celui de la rue Haria Adly Pasha, la ravit. Son petit jardin était bordé de hauts murs envahis de fleurs et des tables multicolores étaient disposées à même le sable. Les maîtresses de pachas, qui venaient se gaver d'ice-creams dans ce discret refuge, déposaient leurs fourrures sur des chaises, faute de vestiaire. Là aussi, quelques officiers guettaient leurs proies en sirotant leur irish coffee. Le Tipperary Club avait un charme particulier, avec son long et étroit balcon dominant la grande place Ezbekieh, et il présentait l'avantage de pratiquer des prix très raisonnables. Le cœur culturel et mondain de la ville battait à l'Anglo-Egyptian Union, où se retrouvaient écrivains et artistes de toutes communautés. Dans cette ancienne résidence du sirdar, titre qu'avait porté lord Kitchener en sa qualité de chef des forces anglo-égyptiennes, une bibliothèque rassemblait certains égyptologues, et quand le khamsin soufflait, le jardin planté d'arbres centenaires passait pour l'endroit le plus frais du Caire. L'autre pôle de cette oasis était le Club des officiers égyptiens, où ceux-ci faisaient admirer leurs uniformes immaculés, entourés d'une nuée de serveurs. En échange d'une cotisation qu'elle jugea modique — on faisait un prix aux professeurs — Mary s'inscrivit à l'Union et prit l'habitude de venir y préparer ses cours.

Enseigner l'histoire de l'art antique à de futurs égyptologues égyptiens était un défi qu'elle relevait avec bonheur. Comme elle l'avait souhaité, Le Caire l'aidait à oublier. Elle acceptait sans rechigner les ennuis du métier, les réunions et les critiques des aînés.

Loin de vivre à l'écart des découvertes et des modes, ses étudiants étaient au courant de tout.

On lui cita même certains de ses travaux, qu'elle croyait réservés à la confidentialité savante des publications d'Oxford University Press. Non, l'Égypte n'était pas le bout du monde!

Les jeunes officiers qui débarquaient en ville, les cheveux encore poudrés du sable du désert, souhaitaient tirer le meilleur profit des jours durant lesquels ils avaient la certitude de survivre. Ils rivalisaient de fantaisie dans leur tenue. Ainsi, lorsque lady Smart présenta Randolph Churchill à Mary, le major arborait, avec le béret réglementaire des dragons, une chemise de flanelle, une cravate maintenue par une épingle d'or, un gilet jaune et des bottes de daim marron. Tous ces jeunes gens lui faisaient une cour discrète mais il était évident qu'elle n'appartenait pas à la catégorie des proies.

Au fil des semaines, le crible des affinités électives avait trié amis et relations. Amy Smart était toujours aussi chaleureuse, mais elle ne serait jamais une intime. Il fallait commenter en termes élogieux ses aquarelles de femme du monde maniant le pinceau, peuplées d'hibiscus rouges, de chameaux ocre et de fellahs gris. Elle payait de retour en compliments d'autant plus exaspérants qu'ils portaient toujours sur le détail raté du tableau, dont Mary avait espéré qu'il passerait inaperçu. Dans la tribu des jeunes intellectuels britanniques qui, pour cause de blessure ou de réforme, avaient été versés dans les services d'information, Lawrence Durrell, qui lui avait servi de guide à son arrivée, se détachait du lot par un mélange de désinvolture sans cynisme, d'humour très personnel et de goût wildien du paradoxe. La masse rebelle de sa chevelure rejetée en arrière lui donnait l'air d'un coureur de marathon antique, mais il joignait à une santé plébéienne un raffinement décadent. Sir Walter disait de lui qu'il était aimé de deux déesses ennemies, celle du lyrisme et celle de la dérision ; il pouvait, la même nuit, se saouler avec des matelots et pleurer d'extase devant le miroitement du lac Maréotis sous la lune. Mary le comparait volontiers à un Hemingway sans la pose. Elle avait vite constaté qu'elle n'avait rien à craindre de sa part ; il n'aimait que les brunes aux bras minces et aux yeux charbonneux, qui se remaquillent inlassablement en racontant leur enfance. En elle, il recherchait non une maîtresse — il n'en avait que trop — mais une confidente capable de lui offrir, dans son tourment d'écrivain débutant, la complicité de ceux qui savent combien tout art est difficile. De temps à autre, peut-être avec un peu de jalousie, il ne pouvait dissimuler qu'il était intrigué par son amitié toute neuve avec Amal.

— Je ne me satisfais pas, dit-il un jour, de la vieille théorie des contraires qui s'attirent : la paisible et l'agitée, la secrète et la spontanée. Pourquoi pas la blonde et la brune ? A ce compte-là, le monde serait une collection de bilboquets. A quoi diable peut tenir l'attirance que vous exercez sur elle ? Ce n'est pas votre peinture, elle n'y entend rien ! Votre culture ? Elle est intelligente, mais je ne crois pas qu'elle ait jamais ouvert un livre.

— Peut-être lui suis-je tout simplement sympathique ? suggéra Mary. Une « lumière blonde », comme elle dit.

— Peut-être, mais on ne lui a jamais connu d'amie et elle s'est entichée de vous dès le premier instant. Certes, elle a des toquades, mais vous n'êtes pas une toquade. Que vous veut-elle ? That's the question !

La question agaçait Mary. Elle préférait la laisser sans réponse.

— Et vous-même, pourquoi vous intéressez-vous tant à Amal ? On vous voit rarement avec elle et vous m'en parlez tout le temps. Seriez-vous amoureux, mon cher Larry ?

Un éclat de rire fit tressauter ses larges épaules.

— Amoureux d'Amal al-Attrach, moi ? Mais savez-vous que ne l'aime pas qui veut. Elle me fait penser à Cléopâtre, telle qu'elle se présente chez notre vieux Will : *I'll set a bourn how far to be belov'd !* Disons que je m'intéresse à elle en ma qualité de futur et problématique romancier. C'est un personnage romanesque.

— Par sa beauté, son talent ou son extravagance ?

— Par rien de tout cela. Les belles chanteuses de talent folles à lier peuvent être très peu romanesques. Amal al-Attrach, alias Asmahane, est une Orientale. C'est une vieille âme, un archétype, une femme fatale comme le fut la grande Cléopâtre ! Ce qu'elle doit apprécier en vous, c'est votre belle simplicité.

Elle savait qu'il n'en pensait rien. Il avait deviné en elle la fêlure et appréciait en connaisseur l'effort qu'elle faisait pour la dissimuler. Peu après son installation à Alexandrie comme chef de l'antenne du service d'information, et alors qu'il prétendait à chacun de ses passages au Caire mener une existence paradisiaque, elle reçut une lettre qui ne respirait pas la joie de vivre : « Ici, l'atmosphère de sexe et de mort est d'une intensité et d'une densité effrayantes. » Mary reconnut, derrière l'aveu du faux viveur, la ruse de l'artiste. Elle n'était pas inquiète pour lui ; il sortirait de cette impasse en traduisant son cher Cavafy et en polissant, auprès d'une de ses muses brunes aux yeux battus, quelque texte subtil et sarcastique pour *Personal Landscape*. Lawrence Durrell était un écrivain et s'imposerait tôt ou tard. Elle était loin de soupçonner qu'un jour, elle aurait sa place auprès d'Amal dans le roman alexandrin auquel il commençait à songer.

Par sa réserve, elle avait fait la conquête de Freya Stark, la célèbre exploratrice de la Vallée des Assassins. Petite et trapue, toujours vêtue avec un mauvais goût si évident qu'il relevait de la provocation, on lui voyait le plus souvent des guêtres en peau de serpent. Elle avait le visage marqué d'une vieille Indienne, et portait sur les hommes et les choses un regard lucide, narquois, mais bienveillant. Elle ramenait ses cheveux en une natte sur le côté gauche de sa tête, dans une coiffure peu appropriée à son âge. Larry avait expliqué à Mary la raison de cette bizarrerie ; petite fille et déjà casse-cou, Freya était tombée d'une grille qu'elle escaladait à Londres, et l'on avait dû l'amputer d'une oreille. De temps à autre, sa voix grave dérapait dans l'aigu d'un rire extraordinairement communicatif. Tout en elle respirait l'énergie. Elle parlait de Farouk comme d'un garnement qu'elle avait fessé, et de Churchill comme d'un vieil ami de la famille ; l'on chuchotait que sir Miles Lampson en avait un peu peur. Surprise par les hostilités à Aden, elle avait décidé qu'il était urgent de convertir les Arabes à la démocratie et créé le Brotherhood of Freedom avec deux disciples — « elle est six fois plus forte que le Christ ! » ironisait Larry – recrutant en une seule année vingt mille convertis dans toutes les classes de la société. Chaque semaine, dans son appartement de Bahr el-A'ama, au bord du Nil, elle mêlait les Britanniques libéraux, les notables sans préjugés et les étudiants égyptiens rêvant de voir leur pays libéré, après la guerre, de ses antiques fléaux, la corruption et la tutelle de l'étranger. Elle était secondée par deux adjoints : un blessé du désert, qui avait découvert l'action psychologique pendant sa convalescence, et un civil amoureux de l'Orient. Mais nul ne pouvait prétendre convertir les Arabes à la démocratie comme cette femme qui avait passé à Aden trente nuits perchée sur un escabeau et maniant elle-même le projecteur, à instruire dans son arabe torrentiel, avec l'aide des actualités, une foule de paysans yéménites mâchonnant leur qat devant le drap de lit qui faisait office d'écran.

Freya savait tout de l'univers qui s'étend de l'Atlantique au Golfe. C'est pourquoi Mary lui demanda si Asmahane allait supplanter Oum Kalsoum en tant que plus grande chanteuse du monde arabe.

— Oui et non, répondit-elle. En fait, contrairement à ce qu'on croit, les deux femmes sont très différentes. Pour ce qui est de la voix, Asmahane, avec son timbre de colorature, dépasse Oum Kalsoum, cela ne fait aucun doute. Asmahane est beaucoup plus qu'une chanteuse arabe.

— Oui. Elle est très belle et peut jouer les jeunes premières au cinéma. Ce n'est pas le cas d'Oum Kalsoum.

— Elle est très belle, mais surtout, elle est druze et elle fait carrière en Égypte, corrigea l'exploratrice.

— Pourquoi surtout ?

— Pour connaître quelque chose à ces pays et à leurs habitants, il faut se référer à l'histoire. Ceux qui l'ignorent ne peuvent dire que des sottises. C'est en Égypte que naquit l'hérésie druze, au XIe siècle, avec un certain al-Hakim bi-amr Illah. L'Égypte a exterminé ses Druzes jusqu'aux derniers, mais leur foi était indestructible et l'arbre a repoussé ailleurs, comme vous le savez. Or, voici qu'une Druze est devenue l'enfant chérie de l'Égypte, comme disent les journaux. N'est-ce pas bizarre, ce retour triomphal d'une hérétique ?

— Oh, elle est si peu druze !

Freya sourit avec indulgence.

— Elle l'est infiniment plus que vous ne le croyez et, sans doute, qu'elle ne le soupçonne elle-même. Chez eux, c'est un acte de foi que de cacher ce que l'on est vraiment.

— Mais elle est presque occidentale ! Elle boit, elle joue, elle a des amants, elle parle anglais presque aussi bien que nous...

— La belle affaire ! Vous savez, les Druzes sont des gens singuliers. Dans leur culte initiatique, dont ils ne parlent jamais, il y a Mahomet, Pythagore, mais aussi un peu de la déesse Isis. Pour eux, la nudité féminine est la métaphore de la Vérité. Vous voyez, si Amal se déshabille un jour en public, ce ne sera pas le banal strip-tease d'une Américaine.

Mary n'insista pas. Le soir, elle repensa pourtant à l'étrange façon qu'avait Freya de transformer sa nouvelle amie en divinité féminine, idole des foules d'Orient, avatar de la déesse Isis. Quand elle en parla à Larry, il n'eut pas l'air étonné, mais saisit l'occasion de lui dire que l'amitié avec une telle femme ressemblait à un labyrinthe : « Toute ton énergie s'y épuisera, ma belle, et tu n'arriveras jamais à trouver une issue. » Il ajouta que Freya Stark savait beaucoup de choses sur les Druzes et qu'elle avait parfaitement raison de rappeler qu'Amal al-Attrach, alias Asmahane, était druze, avant tout.

Dans le vieux Caire, Mary retrouvait un album d'images familières qui lui rappelait ses chers peintres orientalistes : la *Porte de la mosquée* de Brülow, grande ouverte et ornée des mêmes boules de cuivre, le *Boucher turc* de Hunt. La ruée des mendiants sur un touriste évoquait pour elle *l'Aumône dans les rues du Caire* de Gérôme. Elle voyait à la nuit tombante trembler les lumignons d'un autre siècle derrière les portes bardées de lourdes ferrures, elle entendait des fuites éperdues, des appels étouffés, le mystérieux remue-ménage de l'Orient.

Mary avait un peu honte de ne pouvoir se dégager de son univers de références. Européenne et intellectuelle, elle le resterait à jamais. Pourtant, l'Orient défiait toutes les peintures, gravures et lavis. On ne pouvait que l'assimiler et en jouir sur place. Elle se remémora la pensée de

Karl May : « L'Égypte n'appartient qu'à celui qui sait ne pas s'encombrer de petites images mesquines. » Elle avait enfin compris que peindre n'était pas la mise en images de silhouettes furtives, drapées de toile comme les felouques. Son regard avait évolué : les pyramides lui semblaient un tout autre symbole, et le Nil, la nuit, n'était plus un fleuve mais un long ruban de ciel étoilé. Elle se proposa d'établir l'inventaire des trésors d'une Égypte qui ne serait plus celle des livres.

Amal l'accompagnait parfois dans ses promenades et l'arrachait à ses rêveries d'un coup de coude impérieux :

« Réveille-toi. Je vais t'apprendre l'art de vivre cairote ! » Elle lui disait que la ville avait la saveur de la patate douce qui grille sur le brasero. Un après-midi, elles se retrouvèrent, au hasard de leurs errances, devant une mosquée bordée d'une ruelle qui menait à une petite porte de bois bleue. La clarté tremblante d'une lampe à gaz traversait les rideaux du premier étage. Amal s'arrêta net, comme saisie d'un malaise.

— Qu'y a-t-il ? Tu ne te sens pas bien ? demanda Mary.

— Ce n'est rien. Je n'étais plus venue ici depuis très longtemps. Dix ans. Regarde bien cette porte.

Sur le chemin du retour, elle proposa d'aller prendre un cocktail à la terrasse du Mena House, pour y admirer les Pyramides. Aussitôt arrivée, elle se carra dans un fauteuil d'osier et se fit apporter son narguilé. L'irritation que provoquait toujours chez Mary l'éternel gargouillis de la pipe à eau s'était évanouie devant la vision d'Amal : cascade de cheveux noirs et regard flottant.

— Ce soir, la lumière est acidulée ! dit-elle. Mais tu voulais me raconter l'histoire de la porte bleue ?

— Je préfère commencer par celle de la voyante. Sinon, tu ne comprendras rien.

Amal marqua une pause et s'éclaircit la voix avant de commencer son récit, à la façon des conteurs orientaux.

— Je t'ai déjà dit qu'après mon enfance au Caire, j'avais vécu en pays Druze. Cela a duré presque huit ans, de 31 à 39. Dans le Djabal, je me sentais prisonnière. Essaye de t'imaginer une maison à mi-chemin de la caserne turque et du caravansérail persan. Hassan, mon époux, s'absentait souvent et Aïcha s'inquiétait de me voir maigrir : « Maîtresse, tu ressembles de plus en plus à un sarment », me disait-elle. Elle était sûre que mes belles-sœurs m'avaient jeté un sort. Un jour, elle me proposa d'aller consulter Kaoukab, une Bédouine de Palmyre qui était venue, je ne sais par quel hasard, habiter Kuneitra, et qui soignait par les plantes et le plomb fondu. « Elle va endormir tes mauvais esprits, puis enflammer l'amour qui s'est éteint en toi. »

» Nous nous sommes rendues chez elle. Il fallut se courber pour passer la porte, et Aïcha cria “ Sitt Kaoukab ! ”. Une voix rauque de vieille répondit “ Par ici, par ici ! ” et nous sommes entrées dans une pièce puante où elle était en train d’étaler des feuilles d’arbre sur le corps nu d’une petite fille. Elle est venue à nous tout de suite en frottant avec de la cendre ses mains tatouées. Elle portait une robe noire brodée au fil rouge de points de croix. La pièce était remplie de bocaux où nageaient des choses noirâtres, et il y avait aussi, je m’en souviens, un faucon empaillé. Aïcha lui exposa mon cas : j’avais un mari jeune, riche et beau, il m’aimait et pourtant, j’étais très malheureuse. La vieille a disparu et est revenue avec une selle de chameau dont les quartiers étaient garnis de flacons. Elle a posé une main sur moi et, de l’autre, a choisi une fiole : “ Tu en prendras chaque soir trois gouttes dans une infusion. ” Elle a eu un rire grinçant et m’a dit : “ Tu lui ouvriras ton cœur et tes jambes, et nous allons voir ce qui se passera ensuite. ” Puis elle m’a saisi la main gauche et en a examiné la paume : “ Ces lignes-là forment le chiffre quatre ; comme la queue d’une étoile filante ou la foudre qui déchire le ciel et réveille les morts. Beaucoup d’eau, beaucoup d’eau, des vagues, de l’écume... Dans cette eau qui t’appelle, il y a des rires, des bravos et des fleurs. Tu es née sur l’eau, peut-être sur un bateau.

Comme une étoile filante, tu mourras jeune, et ta trajectoire finira dans l'eau. Pense à des fleuves ! " A cet instant, deux noms me vinrent à l'esprit : le Barada glacé qui coule à Damas et le Jourdain de Palestine. Figure-toi que j'avais oublié le Nil ! C'est drôle, continua-t-elle soudain mélancolique. Je vais mourir dans le Nil. Alors que toi tu es venue pour y renaître.

— Tu sais bien que je ne crois pas aux voyantes, dit Mary qui, par principe, chassait les pensées funèbres. Parle-moi plutôt de la porte bleue.

— C'était celle de notre premier logement au Caire. Ma mère, Alya, avait une voix de cristal. C'est d'elle que nous tenons, Farid et moi. Nous avions dû quitter en catastrophe le djabal Druze.

— A cause de la révolte ?

— Je n'ai jamais su pourquoi. Il y avait autour de cette histoire beaucoup d'allusions et de sous-entendus que je ne tenais pas à comprendre. Je sais seulement que mon père avait préparé un attentat contre le haut-commissaire français. A Kuneitra, au passage d'un gué, de faux gendarmes lui ont rendu les honneurs et ont tiré sur sa voiture dès qu'elle les a eu dépassés. Une balle a traversé la manche vide du général Gouraud, qui avait perdu un bras pendant la Grande Guerre. Quand il s'en est aperçu, il a hurlé de rire. Mais les Français ont tout de même mis à prix la tête de mon père et donné l'assaut à notre maison. Il était déjà parti, et je ne l'ai jamais plus revu. Parfois, les nuits d'insomnie, j'entends encore crépiter les balles sur mes murs.

— Comme tu dois détester les Français !

— Pas tous. Il y en avait un que j'aimais beaucoup. Le chef des Tcherkesses, qui sont de merveilleux cavaliers. Je crois même que j'étais un peu amoureuse de lui. Sa femme était irlandaise. Pas anglaise, cela n'a rien à voir ! Les Irlandais sont bagarreurs, fantaisistes. Vous autres, c'est tout le contraire. Je ne dis pas cela pour toi, bien sûr, Anglaise de mon cœur.

Sur ce sujet, Mary en savait plus long qu'elle. Elle coupa court.

— Bref, les Français vous ont chassés de chez vous ?

— Chassés ? Non. Nous sommes partis. Tu as vu que notre premier appartement était adossé à la mosquée. On y entendait, cinq fois par jour, les appels à la prière. C'était exaspérant et rassurant à la fois. Sur les dalles, je me souviens qu'il y avait un tapis mangé aux mites par larges plaques. Face à la porte d'entrée, trônait un paon empaillé. Des photographies montraient mon père, en tenue de moutassarif, de gouverneur, si tu préfères. Ma mère, entre ses pots de taamiya et ses broderies, faisait ses prières. Sa passion, c'était Oum Kalsoum, et elle cherchait à capter sa voix sur le cadran éclairé du poste de radio.

Elle passait ses matinées devant sa coiffeuse ornée de statuettes en porcelaine, de danseuses en tutu et de chats. Les chats lui étaient offerts par Ammo al-Amercani, notre « oncle américain », un riche propriétaire d'immeubles à Alexandrie dont nous ne prononcions jamais le nom. On disait « il » ou « lui ».

Elle retira doucement l'amzek de sa bouche et posa le tuyau du narguilé sur la table basse. Mary fut frappée par sa pâleur. Était-ce seulement la fatigue ? L'éclat de ses yeux s'était éteint.

— Tu sais, j'ai parfois l'impression d'être une image qu'on promène dans la vie, de n'exister que dans les yeux des autres. C'est peut-être parce que je ne suis née nulle part.

— Tu es née sur l'eau, c'est ce que j'ai cru comprendre de l'épisode de la voyante.

— Je suis née en Méditerranée, à bord d'un bateau qui s'appelait *Nil*. Je suis née sur la mer, pour moi c'est nulle part. Et d'après Kaoukab, c'est elle qui me reprendra. » Amal soupira : « Laissons cette question d'eau de côté.

» Mon père avait dû s'enfuir en toute hâte de Mersine à la suite de je ne sais quelle affaire. Nous étions seules, sans appui et, tout au début, nous avions faim. Peux-tu t'imaginer ce que c'est, pour une fillette, que d'avoir à demander l'aumône ? Mais je n'avais honte de rien, pas même de mon frère Fouad, cette brute épaisse. Il n'a pas changé, celui-là ! Heureusement que j'avais Farid ! Quand j'ai commencé à chanter, Fouad attendait que je sorte de scène pour me traîner jusqu'à la porte en m'accablant de reproches sous prétexte que j'avais souri à un spectateur. Je n'en pouvais plus. Et voici l'histoire de la porte bleue. Un beau matin, mon cousin Hassan est entré dans ma vie par cette porte que tu as vue. Il avait vingt-deux ans et était venu de Soueïda voir ma mère pour je ne sais quelle raison. Quand je lui ai ouvert la porte il m'a regardée et s'est mis à bégayer. Il m'a demandée en mariage quelques jours plus tard. Ma mère ne voulait pas. Fouad et elle me faisaient scène sur scène.

— Pourquoi ? Ce n'était pas n'importe qui !

— Il faut les comprendre. Je devrais quitter Le Caire pour la Syrie. Qui subviendrait à leurs besoins ? Finalement, ils m'ont troquée contre 500 livres-or et un appartement à Damas.

— Et toi, tu étais amoureuse ?

Amal ne répondit pas à la question et reprit :

— La nuit de mes noces, ma mère m'a conduite dans la chambre et est sortie aussitôt en s'effaçant devant Hassan. Les boucles d'oreilles, le lourd collier, la ceinture bardée de pièces qui m'incommodaient quelques instants plus tôt étaient devenus mon bouclier et ma défense. Le reste ne fut pas une extase, mais un sanglot, un gémissement, une panique. Puis après la première nuit, je me suis résignée, et j'ai tué le temps en lisant dans le marc de café. Oui, j'ai subi le premier été de ma vie d'épouse comme une morsure. Huit années durant, le Djabal fut pour moi un lieu d'exil. Je ne supportais pas l'enfermement de cette vie faussement princière de villageoise oisive.

» Je revois encore les murets sans fin qu'ils construisent là-bas pierre après pierre, le vent qui n'en finit pas de hurler au-dessus de leur terre aride. Je fuyais dès que je le pouvais la forteresse noire que les al-Attrach appellent leur palais. Parfois, je fermais les yeux pour revoir des visages d'hommes et de femmes sans turbans ni voiles, ou les pyramides illuminées. La nuit, je prononçais mon propre nom, comme celui d'une amie que j'aurais perdue de vue. Cette Amal, cette Asmahane, qu'était-elle devenue ? Et puis j'ai attendu Camélia. J'ai voulu l'appeler ainsi à cause de Greta Garbo dans le film de Cukor. J'étais persécutée par mes belles-sœurs qui disaient que le bébé serait un monstre, parce que, enceinte, j'avais pris l'habitude de sortir la nuit prendre l'air.

— Ton mari ne te défendait pas ?

— Il était souvent en voyage. Je lui en ai voulu de m'avoir laissée seule parmi ces femmes en noir. Je les entendais jacasser derrière la maison, dans le lit presque à sec de la rivière. J'étais lasse de la pierraille, des turbans, de l'éternel mouton, mouton aux feuilles de vigne, mouton aux aubergines, aux olives, mouton entier sur son plateau d'argent des jours de fête ! Je voulais chanter, revoir les rues du Caire, les vagues violettes d'Alexandrie ! Et le soir, de ma fenêtre, je n'apercevais que les quatre lumignons de ce bourg perdu ! Le Caire, vois-tu, n'était pas seulement le nom d'une ville. Le Caire était une résonance, celle de ma vraie vie. Au Djabal, sous le soleil ou sous la pluie, je ne cessais jamais d'y penser.

— Sous la pluie ? s'étonna Mary.

— Oui. Là-bas, il arrive qu'il pleuve sans arrêt pendant des jours et des jours. Les gouttes crépitaient sur le toit et tout ce qui m'entourait était humide, les draps, le linge, le pain. Le tabac du narguilé ne s'allumait plus. Tout était poisseux, même le basalte. Si je chantais, la pluie diluait les sons. Je lisais les revues de mode qui arrivaient de Beyrouth pour faire copier quelques robes, je jouais du oud. Mais la pluie noyait tout et, quand il cessait de pleuvoir, c'était tout à coup la fournaise. J'avais l'impression de vieillir à vue d'œil.

— Tu ne sortais jamais ?

— J'allais à Damas pour une journée ou deux, mais ces petits voyages devenaient malaisés. J'invoquais mon désir d'assister aux conférences du Club arabe, où des professeurs d'université expliquaient que la nation arabe était notre avenir. Lorsqu'en passant devant les cafés de Salhiyé j'entendais la voix d'Oum Kalsoum jaillissant des radios, j'étais désespérée. Les belles-sœurs, à mon retour, faisaient remarquer qu'une femme incapable de rester à la maison devait avoir un piment mal logé. D'ailleurs Hassan trouvait des arguments contre mes escapades : le Club arabe était un endroit subversif fréquenté par des avocats coureurs de jupons, une honnête femme n'y était pas à sa place. Pendant toutes ces années d'avant-guerre, j'ai été bloquée une fois à Damas, en 1936. Les Français avaient trafiqué les élections et des troubles avaient éclaté.

— Et Le Caire, tu n'y retournais jamais?

— Hassan m'y a emmenée deux fois mais je n'étais plus qu'une touriste. Ces fausses vacances me faisaient plus de mal que de bien. A Damas, au moins, je n'avais aucun souvenir. C'est une ville muette, provinciale et très hypocrite. Parfois il m'arrivait d'aimer son côté hors du temps, démodé. Je me souviendrai toute ma vie d'*Autant en emporte le vent* au cinéma Sémiramis, au milieu du brouhaha et des braillements d'enfants. Scarlett faisait l'admiration des femmes voilées parce qu'elle changeait de mari. Moi, je ne changeais pas de vie.

— Comment es-tu partie?

— Tout a fini par craquer. Je devenais folle. Après la naissance de Camélia, j'ai exigé la séparation et Hassan a cédé. Je n'ai pas pu emmener ma fille, bien sûr, mais je vais la voir quand je veux. Jamais je n'ai eu à me plaindre d'Hassan. Chez vous, on dirait que c'est un gentleman.

Elle se leva et Mary l'imita. Quand elles passèrent devant un groupe de militaires qui s'extasiaient bruyamment devant les pyramides illuminées, le silence s'établit tout d'un coup. A la vue de ces deux femmes, l'admiration se faisait discrète.

Le lendemain, Mary se rendit chez Amal après son cours et la trouva dans sa salle de bains. Elle semblait flotter dans une vapeur opaque que ne dissipait plus un ventilateur aux pales immobiles. Depuis le début de la guerre, les pannes de courant étaient presque quotidiennes. Aïcha, accroupie, massait les pieds de sa maîtresse qui, assise sur un escabeau incrusté de nacre, contemplait son visage dans le miroir ovale.

— Tu veux bien me faire une mise en plis ? demanda-t-elle, dès qu'elle vit son amie franchir la porte. Aïcha n'y arrivera pas.

Mary ne répondit pas. Il lui semblait qu'une main invisible avait étalé un immense papier calque sur la scène pour y superposer *la Vérité au fond du puits.* Jean Léon Gérôme. Encore. Elle continuait à vouer à ce peintre une admiration sans bornes. C'étaient les mêmes carnations d'albâtre, les mêmes chevelures d'un noir bleuté, le même escabeau octogonal. Elle chassa le tableau de son esprit ; non, elle ne verrait plus l'Orient à travers les peintres-voyageurs.

— A quoi rêves-tu ? demanda Amal. Tu veux bien m'aider, oui ou non ?

Mary commença à enrouler les boucles d'Amal. Confuse, elle prit soudain conscience des grands efforts qu'elle faisait pour éviter de toucher ou même de frôler son amie. En détournant la tête, elle tentait de se soustraire au parfum de ce corps, à la fois raffiné et brut. Amal sentit son trouble mais fit mine de ne rien remarquer.

— Tu te souviens de ce que je te racontais hier sur *Autant en emporte le vent* au Sémiramis de Damas ? Toutes ces femmes qui vivent sous le même toit et partagent le même mari. L'idée de pouvoir en répudier un ou deux comme le fait Scarlett leur plaisait beaucoup. Quand elle s'est mise à trépigner en jurant qu'elle n'aurait plus jamais faim, tout le monde pleurait à chaudes larmes. Comme je la comprends ! Ah, quel beau rôle ! A propos, sais-tu que Mohamad Tabeï est encore fâché ? Sa susceptibilité est incroyable ! Je l'ai aperçu ce matin chez le fleuriste et il a fait semblant de ne pas me voir.

— Quel tour lui as-tu joué ? demanda Mary

en reculant d'un pas pour vérifier la rectitude des rouleaux.

— C'est à cause de ma réception de l'autre soir. Figure-toi qu'il m'avait envoyé un écrivaillon de la *Dernière Heure*, et que je lui ai cité Chazli pacha dans la liste des présents. Cet idiot a recopié le nom sans réfléchir. Où est la faute ?

— Ce pacha n'était pas à la réception ?

— Bien sûr que si. J'ai eu le malheur de dire à ce petit échotier que Chazli pacha était aux bras de deux jolies femmes. Mais étant ministre du Culte, il l'a très mal pris car le peuple est censé croire qu'avec sa barbe, son turban et son chapelet il ne regarde jamais une femme. Ce n'est pas le cas, tu t'en doutes ! Bref, il était furieux de voir son nom dans le journal. Il a prétendu que c'était un coup monté par ses ennemis pour le discréditer auprès des ulémas d'al-Azhar.

— Tous les ministres te font la cour ! Tu me l'as dit toi-même.

— Mais ils ne font rien pour le renouvellement de mon permis de séjour. Ils n'oublient pas que je suis une Syrienne, crois-moi ! Les hommes sont tous les mêmes et il est difficile de leur accorder une once de respect. On lit en eux à livre ouvert. Si tu savais combien de pachas respectables m'ont fait du pied sous la table !

— Mais tu leur donnes l'impression de...

— De quoi ?

Mary s'arrêta net. Elle ne pouvait tout de

même pas lui dire qu'elle était paresseuse, aguichante, provocante, qu'elle éveillait le désir. A quoi cela eût-il servi ? Elle n'aurait pas compris. Ou trop bien.

— Je sais ce que tu penses, persifla Amal. Je suis comme toutes les Orientales. Déraisonnable, dépravée, puérile... Tandis que toi, Anglaise de mon cœur, tu es vertueuse. Parle-moi plutôt du premier garçon dont tu es tombée amoureuse.

— Pourquoi un garçon ?

La surprise de Mary la fit éclater de rire, puis elle coupa court aux confidences en effaçant sur le miroir au manche de corne la buée qui se reformait aussitôt.

— Tu vois, je change sans cesse de visage. Je suis une vraie Druze. Nous croyons à la réincarnation et sommes un club très fermé. Nous avons reçu en partage la sérénité. Je dois être la seule hélas à échapper à la règle. Je ne suis pas sereine du tout.

— Au moins, tu t'en rends compte.

Derrière cet aveu, elle sentait que se cachait une terreur de petite fille. Son personnage d'Asmahane n'était qu'un vêtement qu'elle endossait, comme on enfile une robe. Elle en avait besoin pour entrer en scène. Toutefois, c'était un rôle, encore et toujours. Un complexe d'infériorité dû à une enfance malheureuse ? Un besoin de réparer dans l'image offerte par la femme les humiliations subies par l'enfant ? Ou autre chose ? Ce fameux mystère druze, par exemple ?

— Tu crois vraiment à la transmigration des âmes ? N'est-ce pas plutôt une façon de parler, une espèce de parabole, comme dans l'Évangile ?

Son enfance, qui s'était déroulée en accord avec le rituel froidement officiel de l'Église anglicane, n'avait pas préparé Mary au mysticisme oriental. L'archéologie égyptienne ne lui en avait donné qu'une connaissance universitaire, abstraite. Quant aux Druzes, elle n'avait lu sur eux, avant sa conversation avec Freya, que l'article de l'Encyclopaedia Britannica : « Leur doctrine rassemble des éléments de messianisme, la foi en la réincarnation, la gnose, le néo-platonisme et d'autres courants de pensée présents au Proche-Orient il y a neuf siècles. »

— Ce n'est pas du tout une façon de parler, protesta Amal. Nous nous réincarnons. Rien n'est impossible à Dieu ! S'il ne pouvait pas faire renaître ceux qu'il aime, il ne serait pas Dieu ! Moi, j'ai déjà vécu plusieurs fois. Souvent, je me dis que j'ai déjà fait ceci ou cela dans une de mes vies précédentes. J'en ai eu beaucoup puisque, lorsqu'un Druze meurt, il se réincarne dans un nouveau-né. Enfin, le plus souvent.

— Sinon, que devient-il ?

— Une étoile. C'est pour cela qu'il y a tant d'étoiles. Quand le ciel en sera rempli, nos sages disent que les âmes des morts iront en Chine.

C'est pourquoi tu ne verras jamais un Druze aller en Chine de son vivant.

Elle semblait croire dur comme fer à ces extravagances. Freya avait raison : elle n'avait rien d'une Occidentale.

— Je préférerais me réincarner dans un chat, mais pas n'importe lequel, reprit-elle. Le chat égyptien, impénétrable et froid.

— Impénétrable et froid ? Mais c'est tout le contraire de toi ! Dès que tu parais quelque part, l'air devient brûlant autour de toi.

— La prochaine fois, je serai un chat égyptien.

Mary se tut. Les mystères druzes la dépassaient mais, aussitôt rentrée chez elle, elle se mit en quête de quelques informations. Dans un opuscule français sur le tourisme en Syrie et au Liban, elle découvrit une brève description du pays : « A quelque cent kilomètres au sud de Damas, le djabal Druze est un haut plateau âpre et brûlé, surmonté çà et là de montagnes coniques qui sont des volcans éteints. Dans ce pays aride où tout est calciné, où même la pierre basaltique produit des éruptions, quelques vallées cependant sont fertiles. Par elles, le Djabal atteignit dans l'Antiquité un haut degré de prospérité. Puis déserté à la suite de l'invasion arabe, il demeura vide d'habitants jusqu'au milieu du siècle dernier. » C'était bien le pays dont lui avait parlé Amal, il n'y avait pas à en douter.

La bâtisse de la Sûreté générale sentait l'urine et le jasmin. En recevant sa convocation, Amal avait compris que c'était une déclaration de guerre, et deviné qui lui adressait ce papier crasseux et chiffonné. Au Caire, on n'obligeait pas une femme comme elle à se rendre dans un local administratif sinon pour l'humilier.

Pour répondre à ce défi par un autre, elle avait mis le tailleur vieil or que la princesse Chievikar lui avait offert pour l'apaiser après l'affaire de la tasse royale. Dans le couloir du premier étage, la galopade des chaouchs, les portes fermées à la volée, le bruit des conversations ne parvenaient pas à troubler la sérénité des fellahs, accroupis à même le sol en attente de la fin de leur épreuve. Elle atteignit la porte où figurait le numéro inscrit sur sa convocation. Un panneau de bois indiquait « Bureau des permis de travail des étrangers ». Elle allait frapper quand un policier dépenaillé l'écarta comme une mendiante, et lui intima l'ordre d'attendre son tour sur une banquette malpropre. Une grande femme au teint foncé, l'une des innombrables prostituées somaliennes qui exerçaient au Caire, se poussa pour lui faire de la place, et tenta d'engager la conversation dans un mauvais anglais. De toute évidence, elle la prenait pour une collègue spécialisée dans le grand monde. Sentant monter la colère, Amal se souvint de la tasse d'or.

Cette fois, Hassanein n'était pas là pour l'aider à garder bonne contenance. Il lui avait expliqué qu'il ne pouvait intervenir. Encore la reine Nazli ! Pourtant, il semblait tirer de leur liaison une fierté un peu ridicule. Il se vantait de ses exploits au lit. Pourquoi les hommes accordaient-ils tant d'importance à ces choses-là ? Quand le policier lui fit signe d'entrer, elle fut d'abord incommodée par un parfum à bon marché. Sous un grand portrait de Farouk où le visage poupin du roi semblait affligé d'une éruption de chiures de mouches, un petit homme chauve et ventripotent aux moustaches cirées disparaissait presque, derrière un bureau de ministre, couvert de paperasses. Un jeune effendi aux yeux de gazelle était assis à une petite table, près de la fenêtre, occupé à tailler un crayon avec des gestes étudiés. Il leva les yeux pour gratifier la jeune femme d'un regard méprisant.

— Approchez donc, chère Madame Asmahane, dit le haut fonctionnaire. Comme vous le savez sans doute, mon nom est Mohamad Zaki, et je dirige le Service des étrangers. Je vous présente mes hommages et suis désolé d'avoir dû vous arracher à vos activités artistiques. Je suis l'un de vos innombrables admirateurs.

Ces compliments confirmèrent son intuition : il s'agissait d'un traquenard. La bonhomie cauteleuse de l'homme était destinée à faire durer le plaisir de la tourmenter. Amal s'assit sur la chaise qu'on lui désignait ; non sans l'avoir inspectée, comme si elle craignait de tacher sa jupe sur un siège aussi douteux. D'un geste, elle écarta le planton qui lui présentait un café.

— La nouvelle que j'ai à vous communiquer, reprit le fonctionnaire, m'est particulièrement désagréable, croyez-le bien. Mais quand on est au service de Sa Majesté, il faut faire abstraction de ses sentiments personnels pour ne songer qu'au bien de l'État.

Il s'arrêta pour se moucher, puis huma longuement son café avant de le porter à ses lèvres.

— Je suis prête à vous entendre, Zaki bey, dit Amal, comme si elle encourageait un pauvre diable à lui présenter sa requête.

Le gros homme passa sur sa moustache un bout de langue rose, et regarda d'un air complice son jeune subordonné.

— Nous avons reçu de l'autorité supérieure

un ordre d'expulsion vous concernant. Il nous est demandé d'assurer votre retour en Syrie, État dont vous êtes ressortissante, par la procédure habituelle, c'est-à-dire sous huit jours. Les frais du voyage par voie ferroviaire sont à la charge du gouvernement. J'ai bien entendu décidé qu'à titre exceptionnel votre rapatriement s'effectuerait en première classe.

L'expulsion sous huit jours ! Elle ne s'était attendue qu'à une tracasserie et Hassanein le croyait aussi. Comment osaient-ils ? Elle eut envie de se précipiter sur l'insolent pour le gifler, mais parvint à ébaucher un sourire de mépris.

— Je vous suis très reconnaissante de cette attention. Puis-je connaître les raisons de la décision ?

— Je ne suis pas autorisé à vous les indiquer. Je puis simplement vous dire que vous êtes accusée de délits graves, justiciables s'ils étaient soumis à un tribunal de peines privatives de liberté, et que la demande d'expulsion venait de très haut, sous forme d'une lettre manuscrite.

— Dont l'écriture était féminine...

— Je ne sais pas. Le ministre de l'Intérieur ne spécifie pas ce genre de détails. Si vous voulez les obtenir, adressez-vous directement à lui. Permettez-moi seulement de déplorer, chère Madame, que vous vous soyez mise dans un si mauvais pas.

Quel piège la reine mère avait-elle pu lui

tendre ? Quels crimes avait-elle inventés ? Amal hésita un instant. A la place qu'il occupait et avec les mœurs qu'elle lui supposait, le gros homme pouvait être acheté. C'était une affaire de prix. Mais il était dangereux de lui faire une offre. Il n'était qu'un exécutant et la décision n'était pas de son ressort. En outre, il la haïssait, comme l'univers occidental qu'elle incarnait sans doute à ses yeux. Quant aux accusations portées contre elle, elles étaient sans doute infamantes. Mieux valait ne pas donner à ce porc le plaisir de les détailler.

— Je partirai, dit-elle d'un air docile. Quitte à revenir un peu plus tard.

— Je ne vous le conseille pas, chère Madame. Vous êtes citoyenne syrienne et détentrice d'un passeport de la puissance mandataire. Un passeport français dépourvu de visa ne vous permet pas d'être admise sur le territoire égyptien.

Elle se cabra.

— Je ne suis pas française. Je suis druze, druze de Syrie. Vous ne cessez de répéter que la Syrie est la nation sœur de l'Égypte. Les Syriens sont innombrables ici parmi les intellectuels, les journalistes, les artistes ! Syriens, Égyptiens, Irakiens, nous appartenons tous à une même famille : le monde arabe. C'est pour lui que je chante. Vous préféreriez que je chante pour les Anglais ?

— Chère Madame ! Je vous en prie ! Épargnez-nous les tirades du nationalisme arabe.

Cela passe encore dans la bouche d'un Frère musulman, mais pas dans celle d'une chanteuse et d'une actrice de cinéma ! Ou alors, renoncez à votre élégante tenue occidentale. Dans le djabal Druze, je me suis laissé dire que toutes les femmes étaient voilées.

— Comment pouvez-vous comparer les voiles blancs des Druzes à vos sinistres voiles noirs ? De toute façon, l'illustre personne à qui je dois mon expulsion n'est pas plus voilée que moi.

Il se hâta de quitter ce terrain délicat. Il savait que l'ordre ne venait pas seulement de la reine mère.

— J'en suis désolé pour vous, mais la seule façon de ne pas être expulsée d'Égypte, c'est d'être en possession de la nationalité égyptienne. Or vous êtes syrienne.

— J'ai passé toute mon enfance ici. En Syrie on me reproche même d'avoir l'accent égyptien !

— L'accent d'un pays ne donne pas la nationalité !

Il se tourna vers son secrétaire.

— Rushdee, veuillez rappeler à Madame Asmahane, qui semble les ignorer, les dispositions légales.

Le jeune homme, baissant ses longs cils sur ses yeux de velours, récita.

— « Article 7. La nationalité égyptienne est conférée par la naissance, la naturalisation ou le mariage avec un citoyen égyptien. Elle...

— Je vous en prie, coupa Amal, excédée. Épargnez-moi au moins cela.

— Vous voyez, chère Madame. Les choses sont simples, reprit Zaki bey, imperturbable. Pour la naissance ou la naturalisation, il est trop tard. Mais bien sûr, si vous vous mariez avant mardi prochain...

Il rit de sa plaisanterie et se leva.

— Croyez-moi, si cela ne tenait qu'à moi vous ne quitteriez pas l'Égypte. Dieu m'est témoin que je n'ai jamais su résister au charme d'une jolie femme.

Tandis qu'il la raccompagnait à la porte, elle entendit le secrétaire pouffer dans son dos. Elle haussa les épaules. L'Égypte c'était aussi cela : un pays de crétins à tarbouches, suffisants, pervers et corrompus. Mais c'était le seul qui, à ses yeux, ressemblait un peu à une patrie.

Elle parcourut, dans un état second, les interminables corridors. Deux humiliations en deux mois, se disait-elle, c'est plus que je n'en peux supporter. La colère la submergea, tandis qu'elle hélait un taxi. Le soir tombait et les nuages roulaient dans un ciel que l'approche du khamsin rendait opaque. Dans la rue, le vent balayait des boîtes de carton et des pages de journaux, tandis que les boutiquiers baissaient leurs rideaux à la hâte. Tout se brouillait derrière la vitre que fouettaient les premières gouttes de pluie.

Elle tenta de rassembler ses forces. Non, elle

ne serait pas chassée. Elle réprima le sanglot qui lui venait. Non, elle n'était pas femme à s'asseoir sur un banc et à pleurer devant le Nil. Il fallait qu'elle poursuivît sa route, aussi imperturbable que le fleuve. Elle résisterait aux manigances de la reine mère. Elle était une Attrach, et elle avait de qui tenir. Quand elle pénétra dans sa villa de Garden City, elle fut soulagée de constater que Fouad n'était pas là. Elle n'aurait pas de comptes à rendre, pas de mensonges à inventer. Farid répétait avec Abdel Wahab. Lui était toujours dans la confidence, mais le récit de sa visite à la Sûreté l'aurait inutilement alarmé. Elle entendit sa mère parler à la servante dans la cuisine. Sachant qu'elle ne parviendrait pas à l'éviter, elle avala un whisky comme on s'administre un médicament. Alya accourait. Qu'elle était donc assommante avec son perpétuel larmoiement ! Elle lui dit que tout s'était bien passé, puis griffonna un message à l'intention de son frère aîné, qu'elle laissa en évidence sur le buffet de la salle à manger : « Tout va bien. Il faut que je dorme vite. Ne me dérange pas. » Il serait toujours temps d'annoncer la mauvaise nouvelle. Soudain elle se sentit affamée. Elle n'avait rien avalé depuis vingt-quatre heures. Elle avala trois œufs sur le plat en un clin d'œil. Puis se leva de table dégoûtée, irritée. Elle ne souhaitait plus qu'une chose : dormir. Elle s'effondra sur son lit et attendit que le sommeil la délivre.

Tandis qu'Amal longeait le mur du Gezira Sporting Club, le vent lui apporta, avec les senteurs d'herbe coupée de la pelouse, des miaulements qui ressemblaient à des plaintes d'enfants. Soudain, la culpabilité la paralysa mais elle refusa de s'y abandonner et se dit que, de toute façon, elle vivait comme un funambule et que Camélia devait rester avec son père dans la demeure de Soueïda. D'ailleurs, n'avait-elle pas entendu dire qu'elle n'était pas une bonne mère ? Elle le regrettait certes ; mais elle ne savait pas comment s'y prendre, et risquait d'être bientôt expulsée. Hassanein, qu'elle avait rencontré dans l'après-midi, lui avait dit ne rien pouvoir faire dans l'immédiat. Elle devait quitter Le Caire et prendre patience : il lui avait juré qu'il réglerait le problème assez vite : deux ou trois mois au plus, mais lui avait tu que l'ordre venait de

Farouk en personne. Elle s'ancra dans sa résolution : elle ne partirait pas. Mohamad Tabeï n'avait pas de maîtresse royale à ménager, il pourrait sans doute l'aider.

Elle fit le tour de la villa avant de se décider à sonner à la grille. Au tintement de la clochette, un Soudanais décharné apparut sur la terrasse et disparut dans la maison. Quand Mohamad sortit, elle ne distingua qu'un costume clair dans la pénombre. Il envoya le domestique ouvrir à cette visiteuse inattendue et, intrigué, la regarda remonter l'allée dans le parfum des hibiscus qui s'ouvraient à la lune. Soudain, il la reconnut à son étrange démarche et dévala les marches du perron pour venir à sa rencontre. Quand elle le vit tout proche, à sa façon de poser ses yeux sur elle, elle sentit qu'il avait envie de la prendre dans ses bras. Son attitude le trahissait ; il se tenait droit et figé comme un homme qui lutte contre son premier mouvement. Il la contemplait, un peu hagard. Pourquoi venait-elle chez lui à cette heure ? Il la fit entrer dans une pièce que ne laissait pas prévoir la villa de style victorien cernée d'une lourde grille de fer forgé. Ce lieu sans ostentation semblait appartenir au monde de l'esprit. Le sol était jonché de journaux empilés, en arabe, anglais, français et une autre langue qu'elle ne put identifier. Toute une paroi était occupée par une bibliothèque où s'entassaient livres et revues. Un haut lampadaire, planté de guingois, portait un abat-jour de velours à franges, et éclairait une vitrine remplie de statuettes de terre cuite ainsi qu'un long piano noir ébène.

Pour se donner une contenance, Amal fit mine de s'intéresser aux tableaux. Il y avait là des vues de montagnes enneigées et quelques petites aquarelles de facture anglaise représentant les temples d'Esna et d'Edfou, où le ciel, d'un bleu profond, lui sembla admirablement rendu. C'était cela, la peinture, et non les barbouillages abstraits de Mary. Soudain, elle éclata en sanglots.

— Je dois quitter Le Caire dans les huit jours. Cela m'est insupportable. Je ne peux plus trouver le sommeil. Dès que je ferme les yeux, des voix, des esprits tournoient autour de moi en me criant « expulsée ! ». J'ai l'impression que si je dormais un seul instant, je serais perdue à jamais.

Il lui fit raconter sa visite à Zaki bey.

— Il a été odieux. Il s'est même moqué de moi en me conseillant de me marier avant mardi ! C'est sûrement un coup de Nazli ! Elle me hait à cause de Hassanein !

— As-tu demandé à Hassanein ce qu'il pensait de tout cela ?

— Oui, mais il a peur d'elle. Il me conseille de partir pour un certain temps en attendant que cela s'arrange. Il n'en est pas question !

— Il a raison, hélas, dit Mohamad, après un

instant de réflexion. Je crois savoir comment m'y prendre pour que tu reviennes plus vite. La presse peut t'aider. Si elle te présente comme une grande artiste que quelques fonctionnaires bornés empêchent de donner gloire et plaisir à l'Égypte, le Palais va se mettre l'opinion à dos, et je n'ai pas l'impression qu'il puisse se le permettre en ce moment. Ils ne peuvent pas avouer la vraie raison de ton éloignement. Laisse-moi faire ! Tu pourrais peut-être retourner à Soueïda.

— Revenir dans le Djabal en expulsée ?

— Alors ailleurs. Où tu voudras. Maintenant, il faut te reposer un peu. Tu es à bout de forces.

Il alla chercher la bouteille de whisky et les verres. Un gros chat noir était lové sur le siège d'un fauteuil à bascule. Amal pensa aux chats de Shoubra qu'elle voyait détaler sur la terrasse lorsqu'elle installait les nattes et les coussins pour passer, avec sa mère, la soirée sous les étoiles. Ces chats errants des bords du Nil, effrayés autant qu'obstinés, revenaient dès que l'agitation avait cessé. Devait-elle faire comme eux ? Et si on ne la laissait jamais revenir ? Elle s'assit sur le canapé d'acajou à haut dossier sculpté et se mit à trembler. Tabeï alla chercher dans une commode un châle au crochet qu'il plaça sur ses épaules et prit place près d'elle après avoir déposé, sur l'empiétement de bois en forme d'étoile, le plateau de cuivre terni.

— Fouad doit te chercher, dit-il, soucieux. Il est près de deux heures.

— Maman m'avait appris le crochet, répondit-elle, comme s'il était important de l'informer de ce détail domestique. J'avoue que je n'étais pas très douée. Mon Dieu, que d'horreurs j'ai pu faire, que de pelotes gaspillées ! J'ai tricoté un pull-over pour ma fille, mais quand j'ai voulu le lui enfiler, il était si vaste qu'on aurait cru une tente !

Le souvenir de l'enfant lui fit si mal qu'elle s'arrêta. Et dire qu'elle ne pouvait même pas se réfugier auprès de sa fille !

Elle s'était saisi les chevilles des deux mains et se balançait d'avant en arrière en le fixant, entre deux sanglots, de ses yeux verts comme des émeraudes sous la pluie. Il lui proposa de la raccompagner chez elle. Ces deux mots-là avaient-ils un sens ? C'est en Égypte qu'elle était chez elle, et elle n'avait plus le droit d'y habiter. Elle aurait pu, bien sûr, aller dormir chez Mary, mais celle-ci était en Haute Égypte où elle fouillait un nouveau site. Elle décida de rester chez Mohamad. Allait-il la chasser, lui aussi ?

— Je ne veux pas rentrer à Garden City ! Je ne veux pas être expulsée. Et je ne le serai pas !

Elle frappa l'accoudoir de son poing. Mohamad fut saisi par l'éclat de son regard, l'énergie qui, soudain, se dégageait d'elle. Comment pouvait-elle passer ainsi d'un extrême à l'autre, des larmes de l'enfant à la colère impérieuse de la star ? Il se demanda quand il l'avait vue pour la première fois. Était-ce en 1930 ou en 1931 ? Il avait entendu parler d'une nouvelle chanteuse du nom d'Asmahane. Une actrice du Théâtre Ramsès venait d'abandonner la scène pour ouvrir une boîte, rue Imad ed-Dine, et il avait été invité à la soirée d'inauguration avec une bande d'amis. La salle était bondée. Sur l'estrade une fille très jeune, vêtue de noir, maigre comme un moineau, chantait d'une voix douce et triste en regardant ses pieds, pour ne pas voir son public d'ivrognes.

Des années plus tard, il s'était rendu chez son vieil ami, le compositeur et chanteur Abdel Wahab. Avant même de parvenir au quatrième étage où se trouvait son appartement, l'une de ces voix très rares, qu'on sait inoubliables dès qu'on les entend pour la première fois, était venue à sa rencontre. De la chanteuse, debout et qui lui tournait le dos, il n'avait vu d'abord que la masse sombre de cheveux et la silhouette fine. Et, lorsqu'elle lui avait fait face, il avait reconnu aussitôt la petite créature du cabaret. Elle était moulée dans une robe noire sobre et coûteuse. La gamine s'était métamorphosée en femme, et quelle femme ! Son visage n'était pas parfait, nez un peu trop saillant, bouche trop large, menton un peu trop volontaire. Mais elle avait de ces yeux ! Ceux dont on dit en Égypte qu'on les croise sur la route du paradis. Elle était en train de répéter l'opérette *Kais et Leila* et chantait la fameuse romance :

Mon cœur n'est ni de fer ni de roc
Et c'est ton cœur, Kais, qui te donnera de mes nouvelles.

Quand elle eut fini, Abdel Wahab fit une critique détaillée qu'Asmahane écouta comme un oracle. Il s'interrompit enfin pour faire les présentations. Mohamad se souvint qu'elle lui avait alors tendu une main lasse avant d'énoncer quelques banalités sur un ton sucré. Il se souvint aussi de sa déception ; les yeux verts et la voix déchirante magnifiaient une petite chanteuse sans intérêt qui essayait maladroitement de faire bonne impression. Mais soudain, comme si elle avait compris à qui elle avait affaire, elle avait abandonné son rôle. Elle s'était mise alors à lui parler comme si elle l'avait toujours connu, tantôt en arabe tantôt en français. Il avait constaté par la suite qu'elle n'était jamais naturelle avec les gens la première fois qu'elle les rencontrait. Abdel Wahab, un peu entremetteur comme beaucoup d'Égyptiens, lui avait dit qu'il était un grand timide. Amal l'avait rappelé et la revoyant, Mohamad avait éprouvé une étrange sensation : quelque chose comme un bonheur effrayé.

Il lui posa la main sur l'épaule et la retira comme s'il s'y était brûlé. Le problème avait été mille fois abordé et résolu. Non, il n'allait pas incendier sa vie à cette flamme-là. Il avait besoin de calme. Homme d'étude et de réflexion, sa liberté était ce qui comptait le plus. Il savait qu'elle attendait de lui quelque chose qu'il ne pouvait pas lui donner. Elle ne voulait ni de ses conseils ni de ses reproches.

— Je ne quitterai pas ce pays. De toute façon, je n'ai plus longtemps à vivre. Le temps qu'il me reste à vivre, je le passerai ici !

Elle se leva et il lui indiqua la direction de la salle de bains. Devant la glace, elle regarda les coulées du maquillage sur ses joues. Elle avait autour des yeux les cernes bistre que laissent des nuits d'insomnie. Les hommes la trouvaient belle et désirable et elle avait le sentiment d'un immense malentendu. Mais elle lisait le désir de Mohamad dans son regard. Il ne la chasserait pas. Il lui était venu une idée si folle qu'elle n'osait même pas lui en parler.

Quand elle reparut, il était assis dans son vieux fauteuil de cuir, penché en avant, les coudes sur les genoux, le menton dans les mains.

— Tu te sens mieux maintenant ? Tu as bien meilleure mine. Tu as ton art, ta musique. Tu peux quitter Le Caire quelques semaines. Ce n'est pas la mer à boire !

— Ne me parle pas comme Hassanein. J'ai sommeil.

— Viens.

Le lit était préparé dans la chambre d'amis aux tons vert et brun. L'endroit était apaisant et une glace luisait sur la coiffeuse, dans son cadre de bois doré. Tandis qu'il allumait la lampe de chevet et baissait les stores, elle s'allongea. Il revint vers elle, s'assit au bord du lit et caressa sa main, doigt après doigt.

— Étends-toi près de moi.

Il ne bougea pas, et se tut. Il aurait voulu lui obéir, dormir près d'elle, puis au réveil, quand résonne le *la lilah illa lah*! du muezzin, la prendre dans ses bras, l'aimer dans le bonheur des corps à l'aube. Mais cela lui serait fatal et il le savait. Quand il eut l'impression qu'elle s'était enfin endormie, il sortit en fermant doucement la porte. Pour calmer ses nerfs, il alla chercher dans sa bibliothèque le roman de Trollope qu'il était en train de lire. A la page où il avait laissé le signet, une phrase semblait l'attendre : « J'ai refusé ce qui correspondait le mieux à mes inclinations, et je l'ai refusé par peur. » Oui, comme le héros de cette histoire, il avait refusé par peur.

Amal se réveilla tard et mit un instant à se souvenir des raisons pour lesquelles elle s'était couchée tout habillée dans cette chambre inconnue. Elle avait faim. Dans la pièce voisine, Mohamad téléphonait en étouffant sa voix, mais elle l'entendait distinctement. Il parlait sur le ton conciliant mais agacé qu'on réserve aux gens qui vous harcèlent.

— Non, vraiment, je n'en ai aucune idée. As-tu pensé à Alexandrie ? Elle est peut-être tout simplement là-bas ? Badrakhane est inquiet ?

Qu'il se calme, il retrouvera sa vedette. S'il ne la tuait pas au travail, elle ne ferait pas de fugues.

Il se tut puis partit d'un rire un peu forcé :

— Je sais bien qu'elle m'appelle l'homme de bon conseil. Mais, crois-moi, mon cher Fouad, je ne lui ai donné aucun conseil, ni bon ni mauvais.

Amal soupira. L'idée était bonne : elle inventerait une fatigue, un départ soudain pour Alexandrie. Elle mettrait Mary dans le coup. Pour l'essentiel, elle avait pris sa décision : on ne l'expulserait pas.

Amal al-Attrach serait une grande star ! Badrakhane l'avait su dès qu'il lui avait fait passer un bout d'essai pour déterminer si la magie de sa voix serait un faire-valoir à l'écran. Cette condition remplie, le reste lui semblait beaucoup moins important. Mais il avait fait une observation à Amal sur sa démarche. Elle l'avait foudroyé du regard : « Il faut me prendre telle que Dieu et ma mère m'ont faite ou alors allez vous plaindre à eux. — Tout ce qu'on te demande, avait répondu Abdel Wahab, c'est de te pencher un peu moins en avant. » Mais il n'en avait plus jamais reparlé.

Ahmad Badrakhane faisait tache dans la petite bande des admirateurs attitrés d'Amal. Fils unique d'un gros propriétaire du Delta, il consacrait tous les loisirs que lui laissait la gestion des terres familiales à la production d'opérettes.

Garçon sérieux, musulman fervent, c'était aussi un réalisateur consciencieux, n'hésitant pas à faire dix fois une prise. Il appréciait la façon d'Amal d'être tout entière à son rôle, de jouer d'instinct, et lui assurait qu'elle allait avec ce film bouleverser les Égyptiens, qu'ils chanteraient tous son nouveau succès, *la Beauté des roses*. Pour elle, il avait métamorphosé en palais des hangars à la lisière du désert. Elle serait la nouvelle héroïne des foules et des peuples arabes.

Il n'ignorait rien de son divorce druze, ni des procédés de Farouk. Dès qu'une séquence était achevée, il se présentait dans sa loge, s'ingéniant à l'étourdir de plaisanteries et de compliments. Encensée par son producteur qui lui disait combien il la trouvait extraordinaire, convaincante... Amal se retranchait derrière des « Ah bon ? » condescendants.

Puis suivirent les dîners romantiques, les promenades en voiture à l'aube sur la route des Pyramides, et un premier cadeau, un bracelet en or auquel pendait un cœur. Elle ne put que répondre à cette sollicitude. Il lui avait fait une proposition à peine voilée, vantant l'union de « deux êtres complémentaires » et le bonheur d'avoir un enfant. Au mot d'enfant, elle n'avait pu retenir un « non » qu'il avait mis sur le compte du chagrin. L'éloignement de sa fille. Quelle femme pourrait refuser un enfant ? Qui refuse les bienfaits d'Allah ? Le problème était ailleurs. Épouser Amal exigeait des nerfs d'acier, une parfaite indifférence à la dilapidation de la fortune et une admirable résistance aux nuits blanches. Il fallait être un saint doublé d'un noceur. Dans le meilleur des cas, Badrakhane ne serait jamais qu'un saint.

Trois jours avant l'expulsion d'Amal, Badrakhane quitta le plateau, sa vedette à son bras. Il portait un costume anthracite à fines rayures. Amal avait choisi une robe en crêpe Georgette et une voilette assortie. Devant le portail des studios Misr, une Chevrolet aux chromes éclatants les attendait. Face à l'uléma d'al-Azhar qui siégeait entre deux sourates brodées, Badrakhane eut des difficultés à passer l'anneau nuptial au doigt de son épousée. Quand il y parvint, Amal fondit en larmes. Alya embrassa sa fille sans conviction. Farid, les yeux brillants d'émotion, les cheveux plaqués derrière les oreilles, pénétré du bonheur qu'il prêtait à sa sœur, se précipita pour lui ouvrir la voiture. Mary, retenue à Saqqarah, était soulagée de ne pas assister à la noce. Tabeï en eût fait volontiers autant ; il s'en voulait d'avoir encouragé cette union qu'il savait condamnée d'avance. Il se reprochait le soulagement qu'il avait éprouvé quand Amal lui en avait parlé.

Le ministère de l'Intérieur refusa de reconnaître le mariage. Amal ne put fournir le certificat de divorce de sa précédente union. Les Druzes ne possédant pas de tribunal confessionnel, mariages et divorces attestés par la seule présence de témoins ne donnaient pas lieu à des écritures.

Mohamad l'aida une fois de plus. Porteur du passeport de la citoyenne d'une Syrie sous mandat français, il se rendit au consulat de France au Caire pour y faire établir sur son témoignage un certificat attestant son divorce. « Nous ne sommes pas des ulémas », avait dit Zaki bey qui refusa de reconnaître l'attestation établie par une « autorité étrangère ». Cette fois, Amal passa entre les mailles du filet. Son expulsion fut reportée... Mais ce n'était que partie remise.

Insupportable humiliation pour Amal qui se levait en colère et se couchait furieuse, persuadée que l'Égypte tout entière la persécutait. Elle s'en prit violemment aux studios Misr et au « cinéma égyptien », aux perchistes, aux éclairagistes et maquilleuses. Son film lui paraissait lamentable avec ses déhanchements et ce long baiser de la réconciliation finale. Un matin elle arriva de mauvaise humeur aux studios. Au bout de la cinquième prise, elle quitta le plateau. « Indigeste, lourdingue, oui !... Le scénario... Du vent ! Je refuse d'entendre ces phrases idiotes. » Elle prit la place de son mari derrière le micro et ordonna : « Coupez ! »

Au bout de trois semaines, Badrakhane sut que son mariage n'avait pas d'avenir. Il ne supportait pas de son épouse devant Dieu ce qu'il avait accepté de la vedette : ses lubies, ses nuits blanches, ses amis douteux et ses interminables parties de poker. Il n'était pas certain qu'elle eût rompu avec Hassanein, comme elle le lui avait juré, et il était jaloux de tout, de son amitié pour Tabeï, de sa tendresse à l'égard de Farid. La visite presque quotidienne de Mary l'irritait. Sa pieuse famille, que le mariage avec une chanteuse avait scandalisée, ne cessait de l'exhorter à la répudier. Au regard du droit musulman, il n'y avait rien de plus facile.

Amal n'était pas femme à se laisser donner congé. Elle prit les devants et, avec une rare mauvaise foi, prétexta que son mari faisait les yeux doux à une jeune actrice qui jouait, dans le film, un rôle secondaire. Elle alla chercher, dans le tiroir d'une commode, son précieux certificat de mariage cairote, le déchira et quitta, le jour même, le vieil appartement cossu de Badrakhane. Il n'était plus question de retourner à Garden City auprès de sa mère et de ses frères. Elle loua en toute hâte, en attendant de trouver un endroit qui lui conviendrait mieux, un appartement et s'y installa en compagnie de la seule Aïcha. Le lundi suivant eut lieu le déménagement, et, en dépit des efforts de Mohamad pour étouffer l'affaire auprès de ses confrères, les premiers articles sur le « mariage de trois semaines » parurent dans la presse du Caire. Ils étaient très désagréables pour « l'enfant chérie de l'Égypte » et soulignaient à l'envi le sérieux et la piété du mari délaissé.

L'échec de son plan rendit Amal sérieusement malade. Elle ne mangeait presque plus, buvait et fumait beaucoup trop et passait ses journées au lit, dans une sorte d'hébétude. Elle téléphona à Mohamad pour lui demander de venir la voir. Ulcéré qu'elle ne lui eût pas confié son projet et consterné par l'issue de ce mariage calamiteux, il invoqua d'abord son travail pour se dérober, mais, le lendemain, sa secrétaire lui dit que Madame Asmahane avait téléphoné trois fois et désirait le voir pour des raisons très importantes. Le tournage était interrompu et le producteur, qui redoutait de perdre beaucoup d'argent, le supplia d'user de son influence sur sa vedette. Il ne pouvait plus se dérober.

Quand il vit la porte s'ouvrir avant même qu'il ait soulevé le heurtoir, il comprit qu'on le guettait. Il entra, évitant de regarder Amal dans les yeux et feignant de ne pas voir sa joue tendue pour un baiser. Il lui offrit la douzaine de roses rouge sang qu'il avait achetées en chemin. Il savait qu'elle préférait les tubéreuses, mais il n'en avait pas trouvé.

— Mon Dieu, Mohamad, tu fumes ?

Il avait décidé d'arrêter de fumer et cette bonne résolution était doublée d'une autre, tenue secrète : la rencontrer désormais le moins souvent possible. Il avait manqué à ces deux promesses. Il constata avec irritation qu'elle semblait en forme, et lui parlait sur un ton de commisération amusée. Elle portait un boléro noir et ses fins bracelets d'or scintillaient. En la regardant avec plus d'attention, il eut l'impression qu'elle avait forcé sur le maquillage pour dissimuler les cernes autour de ses yeux.

— Merci pour les roses. Elles sont très belles. Que veux-tu boire ?

Elle prit tout son temps pour choisir un vase et y disposer les fleurs puis s'installa dans un canapé, et il s'assit en face d'elle, dans un fauteuil si bas qu'il eut l'impression de s'y engloutir.

— Tu as dit à ma secrétaire que tu voulais me voir pour une raison très importante. Alors, de quoi s'agit-il ?

— La raison importante, c'est que je voulais te voir, tout simplement. Nous pourrions aller au Kit Kat ou au Roof Garden. Ou faire un poker comme avant. Pourquoi me fuis-tu ?

Elle voulait le savoir ? Il allait lui répondre, et sans prendre de gants.

— Avant ton mariage, tu m'avais dit que tu voulais changer d'existence. Ton mariage a duré quarante jours, le temps que met l'âme pour se détacher du corps. Tout le monde l'a remarqué ! Tu es à nouveau menacée d'expulsion, faut-il te le rappeler ? Les langues de vipères diront — elles disent déjà — que tu n'as que ce que tu mérites. Si je sors en ta compagnie, on croira que je suis la cause de ton divorce. Je n'y tiens pas, figure-toi !

Il s'en voulait de sa brutalité, mais il n'avait pas le choix. Il fallait tenter de la blesser, pour qu'elle se détache de lui. Cette situation ambiguë avait assez duré. Il attendit un long moment sa réponse, mais elle le regardait avec un sourire enjôleur. Il n'y avait plus en elle la moindre trace de maladie.

— Si tu n'as rien de plus à me dire, bougonna-t-il, je te demande pardon mais on m'attend au journal. J'ai un travail fou en ce moment.

Elle le raccompagna à la porte sans un mot, toujours souriante. Dès qu'il eut disparu, elle se précipita sur son lit et se mit à pleurer.

Amal reprit le travail aux studios Misr dès le lendemain matin. Les fêtes de fin d'année approchaient et l'équipe mettait les bouchées doubles, de peur que la mesure d'expulsion ne fût signifiée avant la fin du tournage. Hassanein, pris par ses hautes fonctions et sa vie compliquée, ne se manifestait que par l'envoi de cadeaux dont elle n'avait que faire. Le téléphone de Mohamad Tabeï sonnait le plus souvent dans le vide, et quand elle l'entendit enfin répondre un soir, elle ne put prononcer un mot. Elle l'écouta demander, d'une voix de plus en plus anxieuse, qui était au bout du fil.

Le film à peine terminé, le bruit courut que Zaki bey allait signifier à Asmahane qu'elle devait se préparer à quitter l'Égypte. Elle avait l'intention de passer le Jour de l'An dans le Djabal auprès de sa fille, mais elle eut peur qu'on ne la laisse pas franchir la frontière à son retour et elle décida de profiter de la jolie Villa Blanche que Talaat Harb, fondateur de la Banque Misr, mettait à sa disposition au bord de la mer. Mary, à qui elle proposa de l'accompagner, souhaitait vivement une rencontre avec son ami Bob Nicholson qui tenait, avant d'être mobilisé, une galerie d'art South Audley Street. Elle refusa d'y renoncer. « A moins, bien entendu, ajouta-t-elle, que tu ne te sentes très mal. »

Amal raccrocha et regarda, par la fenêtre, le ciel plat et les branches des flamboyants inclinées vers le sol. Elle ne supportait pas la pitié. Elle eut l'impression qu'elle n'arriverait jamais à pousser la porte de la salle de bains et à ouvrir l'armoire à pharmacie. La fiole de cachets bleus était là.

C'est grâce à eux qu'elle allait trouver ses vraies vacances. L'année commencerait sans elle.

Au matin du 1er janvier, Mohamad Tabeï, saisissant le prétexte de la revoir sans perdre la face, décida de lui rendre visite. Il redoutait cette rencontre, mais en éprouvait en même temps le désir presque insupportable. Pour se donner du courage, il but, avant de partir, un grand verre de bourbon. Son instinct lui disait qu'elle était restée au Caire. Il frappa à la porte de l'appartement sans obtenir de réponse, tourna la poignée et, surpris qu'Aïcha ne vînt pas à sa rencontre, s'annonça lui-même.

— Amal, s'il te plaît. C'est Mohamad !

Il alla jusqu'à la porte de la chambre et secoua la poignée... le verrou était mis. Il approcha l'oreille du bois poli, sans entendre le moindre bruit. Soudain, il la haït. Elle lui jouait encore un tour.

— Amal, je t'en prie, dit-il doucement, la tête collée à la porte. Je t'en prie.

Il était certain qu'elle était aux aguets, de l'autre côté de la porte, le visage brûlant de fièvre. Il s'imaginait presque sentir la chaleur de son corps.

— Amal, je sais que tu es là. Je veux que tu ouvres cette porte, tu m'entends ? Je veux seulement être sûr que tu vas bien, et ensuite, je m'en irai. Je te le promets. Comprends-moi, je suis fou d'inquiétude.

Il n'entendait toujours rien. Il prit le ton énamouré qui les avait si souvent fait éclater de rire.

— Asmahane, star des stars, étoile de mes nuits !

Il se trouva soudain ridicule, réduit à cette ruse humiliante qui était inopérante. Furieux, il recula d'un pas pour contempler la porte : panneaux en chêne massif. Avait-elle tiré seulement un verrou ou tourné la clé dans la lourde serrure ? Impossible de le savoir. Il se sentit si furieux qu'il fut surpris par le calme de sa voix.

— Sais-tu quel jour nous sommes ? C'est le premier de l'An. Je veux juste te voir une minute. Tu n'as même pas besoin de m'ouvrir. Réponds-moi seulement.

Soudain, ses supplications lui parurent si dérisoires qu'il explosa.

— Fais ce que tu voudras ! J'en ai par-dessus la tête de toi, de tes pachas, de tes casinos, de tes divorces. Adresse-toi à Hassanein pacha quand tu auras besoin de quelqu'un pour te consoler. Ne viens plus jamais pleurer chez moi ! Je ne te demande qu'une chose : ne me fais plus jamais signe !

Un bruit sourd et régulier l'étonnait. Il s'aperçut que c'était celui de son cœur et qu'il respirait à grands traits, comme un homme qui vient de courir. Le bourbon ! se dit-il. J'aurais mieux fait de ne pas boire. Je n'ai même pas essayé d'ouvrir cette porte. Il appuya avec force sur le battant qui céda aussitôt et il dut faire un effort pour ne pas tomber en avant. Les volets fermés et le papier vert et or des murs lui donnèrent l'impression d'avoir pénétré sous la surface de la mer. Du lit montait une respiration haletante. Elle était là, à demi consciente. Quand il s'approcha, elle parvint à esquisser un geste de protestation. Qu'il parte, qu'il la laisse en paix!

Sur la table de chevet, il vit le flacon de somnifères. Il le saisit et le secoua : il était vide. Quand, l'année précédente, elle lui avait posé la question, il se félicita de lui avoir dit que le flacon contenait la dose mortelle. Il en eût fallu deux fois autant, mais elle l'ignorait. Son geste n'était pas un simulacre; elle avait vraiment voulu mourir...

Il s'assit sur le bord du lit pour chercher, dans son agenda, le numéro de l'hôpital Kasr el-Ein. En formant les chiffres, il tremblait de colère et apostrophait à mi-voix la dormeuse : « Je n'en peux plus! Tes scènes, tes scandales, ton Hassanein! Meurs donc, puisque tu ne sais pas vivre! » Mais à l'idée que cette respiration pourrait s'arrêter d'un moment à l'autre, que ces yeux verts ne se rouvriraient plus, il se sentait sombrer dans un désespoir sans fond.

Arrivé en hâte, le médecin le rassura : il l'avait découverte à temps et la suicidée s'en tirerait avec un lavage d'estomac. Dans l'ambulance, sur la route de Zamalek, il la regarda, enveloppée d'un drap douteux, attachée par des sangles à la civière. Elle gémissait doucement. Il se mit à lui parler avec tendresse, comme pour se faire pardonner sa colère. « Comment as-tu pu faire cela ? Tu n'as tout de même pas cru que je t'avais abandonnée. J'étais fâché, c'est tout. Juste une brouille ! La preuve : j'étais venu te souhaiter la bonne année ! » La bonne année ! Était-il vraiment venu à elle avec ce genre de souhait ? Et s'il n'était pas venu, serait-elle morte ? Il lui semblait que, sans elle, sa vie perdrait sa saveur, mais il savait qu'avec elle, aucune année ne serait vivable.

Un vendredi matin, trois semaines après qu'Amal eut quitté l'hôpital, Mohamad Tabeï commença sa journée peu après six heures. Le jus de mangue, le café turc et les cigarettes étaient, comme d'habitude, déposés sur son bureau, à portée de main. Il se mit au travail, décidé à ne pas lever le nez avant midi : il ne serait gêné par personne. Il devait faire un grand papier pour le lendemain et sa documentation l'attendait, mais il était agacé de se sentir vaguement anxieux. Vers neuf heures, il entendit un bruit de voiture dans la rue. Une grille grinça, mais faiblement. Il pensa à Amal : elle était sans doute à Ras el-Barr, en convalescence. Il alluma la radio et fit défiler les stations dans l'espoir d'entendre les nouvelles. Rien d'autre que les prières du vendredi.

Il avait un souci en tête : cette fois, il faudrait

bien expliquer à Amal qu'il avait pris la décision de ne plus la voir et que pour tous les deux c'était la meilleure solution. Sinon, il deviendrait vite incapable de tout travail sérieux. Il contempla la longue enfilade brun et vert des cartons contenant ses dossiers. En écriture ronde, ils portaient à même hauteur leur titre : Wafd ; Q.G. Garden City... Tout était là, même les mouvements du port d'Alexandrie depuis 1920, y compris le dossier Asmahane. Mais il ne s'agissait pas de la vedette, il s'agissait d'Amal. D'elle, il avait conservé quelques photographies personnelles, des menus griffonnés, toutes les lettres. Les jetterait-il ? Peut-être. Il regarda la feuille étalée devant lui, avec ses lignes raturées et ses renvois compliqués, quand il crut sentir une présence derrière lui. Il se retourna. Sur le seuil, Amal lui souriait.

— Pour l'amour de Dieu ! s'écria-t-il. Tu m'as fait peur !

Elle éclata de rire.

— Pourtant tu m'attendais, n'est-ce pas ?

Il la reconnaissait bien. Dans les grandes choses comme dans les petites, elle avait le chic pour le prendre en faute, lui faire porter le poids des justifications. Non, il ne l'attendait pas. Mais il ne pensait qu'à elle. Elle tenait toute la place dans sa vie et c'est à cela qu'il fallait mettre un terme. Elle paraissait assez en forme malgré ce qu'elle venait de subir. Sa peau pâle, ce quelque chose de meurtri autour des yeux lui donnaient souvent l'air d'avoir pleuré. Elle ressemblait à une gitane dans sa robe de lin vert.

— Je suis désolée, Mohamad ! Effectivement, tu as l'air un peu effrayé.

Il se leva pour la prendre dans ses bras, il savait qu'elle pouvait le repousser comme elle l'avait fait à l'hôpital mais elle le laissa faire, raide, sans répondre à son étreinte.

— Comment es-tu venue ? demanda-t-il. Tu as fait si peu de bruit en poussant la grille ! Mais peu importe, je suis heureux de te voir.

— Oh, répondit-elle, on ne se débarrasse pas aussi facilement de moi ! Tiens, prépare-moi un whisky-soda.

— Un whisky ? Déjà ? Si tôt le matin ?

Elle tira les rideaux.

— La nuit est tombée. L'heure te convient ?

Tandis qu'il sonnait le chaouch, elle se mit à fouiller dans son sac et en tira le petit Coran à la couverture émaillée dont elle ne se séparait jamais.

— Mohamad, tu vas jurer sur le Coran !

Il la fixa, éberlué.

— Que veux-tu que je jure ?

— Que tu ne diras rien à personne de ce que je vais te raconter. Que tu garderas un secret absolu, même si on te torture pour te faire parler.

— Mais enfin, Amal, à quoi joues-tu ?

— Je ne joue pas. Pour une fois, c'est sérieux. Jure sur le Coran.

— Je n'ai pas besoin de Coran. Je sais tenir ma langue. Mais je jure.

— Voilà. Je dois aller dans le Djabal.

— Et alors ? Tu as besoin de faire tant d'histoires pour me dire que tu vas voir ta fille ?

— Ce n'est pas seulement pour voir ma fille.

— Pourquoi alors ?

— Les Anglais m'ont demandé d'y aller pour une mission. Une mission secrète.

Il fut étonné qu'elle ait inventé cela. Quand elle mentait, c'était pour se faire pardonner un rendez-vous manqué. Elle n'était en rien mythomane.

— Qui t'a confié cette mission ?

— Sir Walter.

— Smartie ?

— Oui. Il m'a invitée chez lui. Mais ce n'était pas un dîner. Il y avait Napier, l'ancien consul anglais à Damas, qui connaît les Attrach depuis vingt ans, un grand général très maigre, Evett, et un certain Clayton. Ils ont tous été très aimables.

— Tu as eu affaire au plus haut niveau. Smartie, qui est la tête politique, Clayton, le patron des renseignements, et Evett, commandant des forces spéciales. Il ne manquait que Spears !

Il la croyait. Elle n'avait pas pu inventer une rencontre avec ce trio. Et son dernier divorce, aux yeux des Anglais, l'avait rapprochée de sa famille druze.

— Qu'attendent-ils de toi exactement ?

— On me demande de faire comme si j'allais voir ma fille à Soueïda. Je ne dois rien changer à mes habitudes. Dans la foulée, je dois apporter aux Druzes une grosse somme que quelqu'un me remettra avant la frontière. Ensuite, je repartirai pour Jérusalem ou Damas, ils ne savent pas encore.

Il n'était pas nécessaire d'être un grand stratège pour tirer la conclusion de cette histoire : les Anglais envisageaient d'entrer en Syrie et, ayant à traverser le Djabal, ils avaient besoin des Druzes.

— D'accord, mais pourquoi t'envoyer ici ? Ils doivent avoir tous les intermédiaires qu'ils veulent.

Elle se cabra.

— Tu oublies peut-être que je suis une al-Attrach. Qui veux-tu qu'ils envoient ? Un général ?

— Hassan est au courant ?

— Oui. Ils l'ont fait contacter.

— Que dit-il ?

— Que, personnellement, il est d'accord, mais qu'il doit consulter le Conseil des Sages. Les Allemands pourraient perdre la guerre. Les Druzes doivent être du bon côté s'ils veulent avoir un jour leur indépendance. Les Anglais sont en mesure de les délivrer des Français.

Tabeï approuva. Pour une artiste, elle comprenait assez bien la situation politique. Les Druzes disposaient de trente mille cavaliers. Quinze ans plus tôt, ils avaient exterminé une colonne française de douze mille hommes, et il était prudent d'acheter le droit de se risquer dans leur coupe-gorge. Mais pourquoi avoir choisi Amal ? Certes, la menace d'expulsion qui pesait sur elle la rendait docile. En outre, elle appartenait au clan des al-Attrach, mais pouvait-on se fier à sa discrétion, pouvait-on s'imaginer qu'une femme à la merci d'un whisky de trop ou d'une crise de nerfs serait capable de garder un secret d'État ? C'était pure folie ! A moins que... L'indiscrétion, elle aussi, pouvait faire partie du plan, si l'on souhaitait faire savoir aux vichystes que les Druzes allaient leur claquer dans les mains.

— Ils t'ont dit de tenir ta mission secrète ?

— Tu es le seul à qui j'en parle. Parce que tu es mon homme de bon conseil ! répondit-elle.

C'était bien cela. Les Anglais voulaient qu'elle en parlât. Il soupira d'inquiétude. Ce qu'il adviendrait d'elle par la suite ne les intéressait pas. Ils l'abandonneraient à son sort. Ce serait sans doute la conclusion de ce genre d'affaires : un accident savamment machiné ou une balle dans la tête, tirée par un inconnu. Il y avait beaucoup trop de gens qui n'aimaient pas l'idée de voir les Druzes s'entendre avec les Anglais.

— Tu ne vas tout de même pas jouer la Mata Hari pour George VI ? Nous ne sommes pas aux studios Misr, en train de tourner un film d'espionnage. Ici, les morts ne se relèvent pas après la prise de vues. Tu peux y laisser la peau !

Elle lui lança le regard candide et étonné qu'elle réservait aux reproches.

— Dangereux ? Tu oublies combien il y a d'accidents de voiture chaque semaine sur la route d'Alexandrie ? De toute façon, la vie est dangereuse. Par ailleurs, j'ai besoin d'argent et ma carrière au cinéma semble, pour le moment, bien compromise. Clayton m'a donné trois cents guinées pour payer mes dettes et il m'a promis mille guinées en acompte. De toute façon, on m'a prédit que je mourrais jeune.

— Mais pas que tu mourrais pour l'Angleterre.

— Oh, tu m'ennuies ! Tu n'es jamais content. D'abord, cela n'est pas seulement utile aux Anglais. C'est aussi dans l'intérêt des miens, figure-toi ! Ensuite, c'est très bien payé. Enfin, si j'ai la protection des Anglais, on ne m'expulsera pas. Tu te rends compte ?

Il bougonna.

— Je me rends surtout compte d'une chose : tu es une bonne chanteuse, mais cela ne signifie pas que tu sois une bonne espionne. C'est une erreur de distribution. Tu joues à contre-emploi, ma chère !

Il aurait voulu d'autres précisions. Mary était-elle au courant ? Qu'avaient dit exactement les

Anglais ? Et s'ils avaient vraiment l'intention de se débarrasser d'elle une fois l'affaire faite ? Ils en étaient capables ! Le malheur venait de ses rêves de revanche sur certains Druzes autant que de ses perpétuels besoins d'argent ! Amal voulait rentrer à Soueïda la tête haute et se venger des humiliations subies. L'idée qu'elle allait courir un grand danger le préoccupait tant qu'il décida de la faire surveiller, pour pouvoir éventuellement la rejoindre à Jérusalem. C'était dangereux pour lui aussi, mais il ne pouvait s'empêcher de veiller sur elle.

A la lisière de Petah Tikvah, le quartier yéménite de Tel-Aviv, la bicoque était si délabrée qu'on entendait le vent souffler à travers les contrevents. Dans la pièce du rez-de-chaussée, deux hommes se faisaient face, assis sur des chaises de rotin, de part et d'autre d'une table de cuisine peinte en vert sombre. Le plus âgé flattait de temps à autre une chienne noir et blanc, couchée à ses pieds. Il avait un visage rond, le nez chaussé de lunettes à monture métallique, portait une kippa noire sur son crâne dégarni, et était vêtu d'un costume gris qui luisait aux genoux et aux coudes. Tout en lui trahissait le célibataire, pieux et désargenté.

Quelques mois plus tôt, quand il occupait une modeste chambre du Savoy Hotel, il s'appelait Ben Zeev. Désormais, il était connu du voisinage sous le nom d'Israël Halperin, petit avocat d'origine russe qui recevait ses rares clients à domicile. La synagogue voisine faisait appel à lui quand il fallait compléter le groupe de dix hommes nécessaires au kaddish. Deux ou trois personnes, en Palestine, auraient pu, en voyant ce visage insignifiant, se rappeler le nom que le petit homme portait, à sa naissance en Pologne, et qu'il avait traîné dans le goulag de Staline, avant de gagner la terre d'Israël : Menahem Begin, le chef insaisissable de l'Irgoun, l'organisation armée qui, en pleine guerre, luttait contre les Britanniques, malgré les consignes de Ben Gourion.

Le grand gaillard qui lui faisait face était un juif de Bagdad qui aurait pu, avec ses yeux noirs et ses cheveux presque crépus, passer pour un Arabe. Ses camarades de clandestinité le connaissaient sous le nom de Guideon. Il semblait bouillir d'impatience.

— Elle transportera l'or dans la camionnette du Maltais. Il suffirait de trois hommes.

— Tu es sûr de tes informations ?

— Absolument sûr. Ce qui m'étonne, c'est que les Anglais aient confié une telle mission à cette femme. La chanteuse Asmahane, alias Amal al-Attrach...

— Elle est d'une grande famille druze.

— Justement. Elle menait au Caire une vie si dissolue que les Égyptiens eux-mêmes voulaient l'expulser. Elle s'est mariée, et le type l'a répudiée très vite. Vous ne croyez pas qu'il y a un coup fourré de Cutling là-dessous ?

Quand on parlait devant lui de l'officier britannique qui avait juré de le perdre, Begin racontait une anecdote dont il ne se lassait pas.

— Cutling possédait deux photographies de moi, et il n'en a diffusé qu'une. Sais-tu pourquoi ? Parce que, sur celle-là, j'étais mal rasé, hagard, et que j'avais l'air d'un terroriste tel qu'il se le représentait. Sur l'autre, j'étais cent fois plus ressemblant, mais je souriais. Cutling est un nigaud. Quand ta chanteuse doit-elle passer l'or ?

— La date n'est pas fixée. Mais on le saura facilement. Mes hommes peuvent faire des soldats français très convaincants. Il y en a un qui a l'accent de Marseille.

— Je connais tes hommes mais vous emploierez vos talents à autre chose.

Begin tira de sa poche un vaste mouchoir à carreaux, et se mit à essuyer ses verres de lunettes.

— Ce n'est pas un coup de Cutling. Cela vient, à mon avis, de quelqu'un de beaucoup plus intelligent. Spears, sans doute. Il s'imagine que je vais tomber dans son piège.

— Quel piège ?

— Il veut nous brouiller avec les Druzes. C'est clair. Et moi je ne le veux pas.

— Alors, il faut laisser passer le magot ?

— Oui.

— Et la chanteuse ? C'est tout de même un agent britannique, et elle peut devenir dangereuse. Que diriez-vous d'un petit accident sur la route du retour ?

— Non. Il faut trouver mieux. Est-ce que les Français soupçonnent quelque chose ?

— Je ne crois pas.

— Eh bien, fais en sorte de la mouiller auprès d'eux. Ils se chargeront de l'arrêter. Trouve un prétexte quelconque.

— On pourrait inventer une tentative d'attentat contre le général Dentz ? Il paraît qu'il regarde sous son lit tous les soirs pour voir s'il n'y a ni Anglais ni gaullistes.

— Excellente idée. Allez-y !

Guideon se leva pour prendre congé.

— Abi gezunt !

— Abi gezunt !

Le « garde-toi en bonne santé » yiddish était le salut des terroristes partant en opération. Les Anglais auraient payé des fortunes la liste de ceux qui, en Palestine, prenaient congé sur un « Abi gezunt ».

Une semaine plus tard, Amal était confortablement installée dans un train en partance pour Jérusalem, arrêté en gare de Deraa. Elle chercha du regard le minaret d'où tombait l'appel à la prière. Trapu comme ceux des misérables mosquées du village, il dépassait à peine le toit de la gare. Les Bédouins avaient envahi le quai. Les militaires s'affairaient à accrocher au convoi une plate-forme chargée de sacs de sable. Elle trouva l'incantation assommante, lancée d'une voix de tête...

— Il a une belle santé, le frère, pour gueuler comme ça !

— *Mouhammad Rassoul Allah*... modulait le muezzin, penché sur la rampe.

Les hommes de la « section de protection » éclatèrent de rire. Seul l'un d'entre eux grogna assez fort pour qu'on l'entendît.

— Ça vous fait encore rire, les bleus ! On voit que vous n'avez pas fait campagne chez les Druzes. Vous auriez été comme moi dans la colonne Michaud, ça ne vous amuserait plus !

— Tais-toi donc, répondait un autre. Tout le monde a le cafard un jour ou l'autre, ce n'est pas une raison pour jouer à l'andouille.

Celui-là, pensa Amal qui observait la scène de son compartiment de première classe, elle l'avait peut-être déjà vu à Soueïda, dix ans plus tôt. Elle comprenait qu'il n'ait plus envie de rigoler. La colonne Michaud ! Les Druzes de son oncle n'en avaient fait qu'une bouchée.

Elle sentit une haine atavique se réveiller à la vue d'un petit sous-officier râblé et sanguin. Il injuriait ses hommes pour les presser, d'une voix rauque d'alcoolique, en des termes si grossiers qu'elle détourna la tête. Un porc ! Enfant, elle avait vu comment ce genre d'homme se comportait quand il fouillait une maison druze.

Elle rabattit devant elle la tablette, rien ne valait un paquet de cartes pour se changer les idées. Elle hésita entre une patience et une réussite. Combien de fois s'était-elle livrée à ce passe-temps...

Elle était devenue une grande actrice et sa réputation s'étendait. Du Golfe persique à l'océan Atlantique, il n'y avait plus un palais, plus une tente, que sa voix n'envahît. « En plus, je serai l'artisan de l'indépendance des Druzes », se dit-elle mi-séduite, mi-honteuse de sa capacité à se mentir elle-même.

Les Anglais avaient exigé qu'Amal se rendît à Jérusalem par le train pour y recevoir les consignes. Le voyage allait être long et fatigant mais elle ne cessait de se répéter que cela en valait la peine : pas seulement pour l'argent, pour la vengeance aussi. Agent secret, espionne... des mots ! Elle s'en moquait bien. Elle sourit en pensant à la tête de Mohamad quand elle lui avait révélé l'affaire. Étonner les gens était un plaisir dont elle ne se lassait pas.

Une présence l'obligea à lever les yeux. Des journaux sous le bras, un homme lui demandait l'autorisation de s'asseoir en face d'elle. Elle en fut agacée, mais il y avait tant de monde qu'il était difficile de refuser. Il lui semblait avoir déjà vu ce grand gaillard blond dont le teint, sous le soleil d'Égypte, avait tourné au rose.

— Une image admirablement cadrée.

Elle avait eu à peine le temps d'entrevoir, à un passage à niveau, un groupe de Bédouins accroupis devant leurs chameaux. L'homme avait un sens esthétique certain, à supposer qu'il n'ait pas été seulement sensible au côté biblique de la scène.

— Très beau plan, en effet, concéda-t-elle.

— Vous allez sans doute à Jérusalem ?

— Ni dans les trains, ni ailleurs, je ne parle à des inconnus. Pardonnez-moi, dit-elle avec un sourire. Je n'aime pas les Français et je ne tiens pas à être vue en leur compagnie.

— Vous allez sans doute à Jérusalem ? reprit l'homme, sans se démonter.

— Je vous répète que je n'aime pas les Français. On a trop de peine à s'en débarrasser, dit-elle, agacée. D'ailleurs, ici en Syrie, cela fait assez longtemps que nous essayons de les mettre dehors. Et si le destin m'empêche de voyager seule, je ne lui échapperai pas. Mais j'ai la protection du Tout-Puissant.

Elle sortit de son sac son petit Coran à reliure d'or émaillé.

— Vous vous souvenez peut-être de moi, dit-il en s'asseyant. Heinz Altmann, correspondant au Proche-Orient de la *Zürcher Post*, un journal de Zurich. Nous nous sommes rencontrés pour une interview il y a quelques années.

— Oui. En effet.

Elle lui sourit. En fait, elle l'avait oublié, mais elle se souvenait d'un article dans un journal suisse, qu'elle avait collé dans son press-book sans en comprendre un mot, car il était en allemand. Quelqu'un lui avait dit qu'il était très élogieux.

— Rassurez-vous. Je n'ai pas l'intention de vous interroger sur votre départ précipité du Caire.

Incapable de dissimuler sa stupeur, elle le

regarda lui tendre un journal égyptien. En première page, elle vit sa photographie et une énorme manchette : « Asmahane expulsée. Aucun motif officiel. Un tripot clandestin ? »

Bouleversée, elle alla chercher dans son sac son passeport syrien.

— C'est un malentendu. Je suis parfaitement en règle. Personne ne m'a expulsée. J'ai même le visa de retour. Regardez !

Il prit le document et l'examina d'un air dubitatif. Elle était parvenue à se ressaisir et esquissa un geste d'indifférence.

— C'est un malentendu. En tout cas, il y a diffamation. Un tripot clandestin ! Je mettrai l'affaire entre les mains de mon avocat. Ce n'est vraiment pas pour cela que vous vouliez me parler ?

— Je me passionne aussi pour le cinéma. C'est vraiment mon jour de chance ! J'allais vous demander un rendez-vous pour vous parler d'un projet.

— Une autre interview ?

— Non. Je m'occupe aussi beaucoup de cinéma. J'ai un vieil ami scénariste à Hollywood et je lui ai déjà fourni des idées de films.

Il semblait hésiter à poursuivre et elle l'encouragea du regard. Ce garçon devait être timide !

— Je ne sais pas si cette idée vous plaira, reprit-il. Il s'agit d'un film sur vous, votre carrière, votre vie. Un film musical, bien sûr, avec toutes vos chansons. J'ai vu ce que vous avez tourné jusqu'à présent. Votre visage accroche fantastiquement la lumière. Comme celui de Greta Garbo. Et vous avez une voix... une voix...

Il ne trouvait pas l'adjectif. Elle s'amusa de son embarras.

— Quel genre de voix ?

Il détourna les yeux comme s'il craignait d'être ridicule et murmura :

— Une voix de paradis.

Il semblait à la fois sincère et affreusement gêné. Elle en fut presque attendrie. Celui-là, à la différence des autres, ne cherchait pas à la séduire. Pourtant, il avait une allure virile de bel Aryen blond, comme disaient les Allemands. D'ailleurs, il était suisse, donc à moitié allemand.

— Hollywood, murmura-t-elle. C'est si loin d'ici !

Depuis toujours elle en avait rêvé, et voici qu'une proposition s'ébauchait. Il n'était pas question de l'écarter sans l'avoir étudiée.

— Il faudrait, en effet, parler de votre projet, dit-elle. Je n'ai rien contre l'idée, mais de toute façon, ma participation à un film exigerait l'accord du Dr Baida, le producteur de la maison de disques avec qui je suis sous contrat. Et puis votre idée me semble encore assez vague.

— Détrompez-vous, je sais ce que j'aimerais faire. J'y ai beaucoup réfléchi.

— De toute façon, ce sera après la fin de la guerre, et elle n'est pas près de finir, n'est-ce pas ?

Au moment où elle se lançait dans son aventure, elle n'était pas mécontente d'avoir l'avis d'un journaliste neutre. A en croire les Anglais, la défaite allemande était inéluctable mais encore lointaine.

— Je pense que cette guerre finira assez vite, dit-il en baissant la voix comme si quelqu'un pouvait surprendre leur conversation. Rommel est plus près d'Alexandrie qu'on ne veut bien le dire et, surtout, l'URSS va s'effondrer. Tout cela pourrait aboutir à une paix de compromis.

— Mais vous savez bien que les Alliés la refusent.

Il haussa les épaules.

— Une cigarette ? Provenance directe de Zurich.

Asmahane alluma la cigarette et regarda par la fenêtre les poteaux télégraphiques qui s'esquivaient à reculons sous un ciel phosphorescent.

— C'est ce qu'on dit toujours dans ces cas-là. Rommel sera au Caire dans moins de trois mois. J'en ai eu la confirmation par une source qui ne m'a jamais trompé. C'est d'ailleurs un peu pour cela que je vais à Jérusalem. Mon rédacteur en chef veut savoir si les juifs commencent à redouter l'occupation allemande.

Elle frissonna. Si les choses prenaient ce tour-là, ce qu'elle allait faire était encore plus dangereux que ne l'avait dit Mohamad. Elle avait tellement peur de se trahir qu'à partir de cet instant elle n'échangea plus avec son compagnon de voyage que des banalités.

En gare de Jérusalem, il lui proposa de profiter de la voiture qu'on lui avait envoyée, mais elle lui assura que la sienne était en retard et qu'elle devait absolument l'attendre. Il prit congé d'elle en lui promettant de lui téléphoner dès son retour au Caire.

La Ville sainte était envahie par une foule immense. C'était le grand vendredi des chrétiens et le jour du Nabi Moussa pour les musulmans. La date avait été bien choisie : personne ne la remarquerait dans une telle cohue. La vieille ville s'étendait devant elle en contrebas, et un grondement syncopé montait du dédale de pierre blonde. Un flot de turbans, de tarbouches et de keffiehs se ruait dans la rue principale avec la force d'un torrent. De la terrasse où elle fit une halte, elle avait une vue d'ensemble. L'une de ses voisines, une rousse à allure d'épouse de militaire, soupira : « Grâce à Dieu, la police connaît son métier. »

Quand elle approcha du Mur, le vacarme devint infernal. Elle s'arrêta en apercevant une jeune fille en chemise kaki, grimpée sur une borne. Sa tignasse blonde faisait penser à Mary, ses bras hâlés que laissaient voir ses manches retroussées étaient ceux d'une paysanne. Amal remarqua ses mains à la peau noircie, comme celles dont on tente en vain, avec de l'essence, de chasser les traces de cambouis. Une sioniste, pensa Amal. Elles se reconnaissent au premier coup d'œil.

La jeune fille haranguait un petit groupe de traditionalistes qui détournaient la tête avec un air de profond dégoût.

— Au travail. La terre d'Israël a besoin d'ouvriers ! Ce n'est pas la religion qui vous arrête. C'est la peur du travail !

En quelques minutes, des Arabes s'étaient rassemblés autour du petit groupe. L'un d'eux cria : « Les juifs à la mer ! » Dans le tumulte, la jeune femme, imperturbable, poursuivait son discours. Amal enviait sa tranquille insolence. Elle aurait aimé être cette gamine et se projetait en esprit dans ce rôle.

— Vous laisseriez la maison d'Israël s'écrouler sans apporter une seule pierre au chantier ! Eh bien moi, je travaille pour que vous puissiez manger ! Allez prier au Mur, vous autres. Mais posez-vous une question, une seule. A quoi servent vos mains ?

Amal, fascinée, fixait la sioniste du regard. Cette fille lui jetait au visage l'imposture de son existence. Juchée sur sa borne, elle tenait tête aux Anglais, aux religieux, aux Arabes. Rien ne la ferait bouger. Et elle, Amal, n'était qu'une girouette en tailleur bleu. Avait-elle une patrie ? « Ta patrie, ton identité druze, laisse-moi rire ! » lui avait dit Mary, quelques jours plus tôt. « Avoue que tu préfères vivre au Caire, à tournoyer en mousseline sous les eucalyptus et les flamboyants, plutôt que d'errer la tête couverte, chez toi au Djabal. » Amal en avait voulu à l'Anglaise. De quel droit se permettait-elle ce genre de commentaire, elle qui ignorait le plus intime de l'Orient ? Mais Mary avait repris de plus belle : « Ton identité, tu la manipules comme tu manipules le reste. Un jour tu es syrienne, un jour tu es druze, la semaine d'après tu es égyptienne. Un jour tu prônes le nationalisme arabe, le lendemain tu admires les Anglais. » Aujourd'hui, elle lui donnait raison.

Quand l'assistance se dispersa, la jeune fille descendit de sa borne. Amal était restée seule et la dévisageait.

— Vous faites du tourisme ? Vous visitez nos colonies ? Vous pouvez me photographier pour votre album, lui lança-t-elle avec hargne.

— Il n'y a pas que des kibboutzim dans ce pays. Il y a aussi le Saint-Sépulcre, la mosquée d'Omar, répliqua Amal, piquée au vif.

La sioniste allait lui répondre, mais elle n'en eut pas le temps. Une cohorte de pèlerins du Nabi Moussa envahissait la rue David se dirigeant vers la mosquée, aux cris de « Ech Cham, Ech Cham ! » Les Anglais les encadraient, la matraque à bout de bras. Amal prit la jeune fille par le bras.

— Ne reste pas ici. Ils vont t'écharper! lui dit-elle. Suis-moi. Il faut sortir d'ici.

Visiblement, la juive n'avait aucune envie de se faire arrêter. Comme deux touristes égarées, elles se frayèrent un chemin jusqu'à l'Hospice autrichien.

A cet endroit, la sioniste s'arrêta net, se tourna vers sa protectrice, lui sourit et se fondit dans la foule.

Dans l'arrière-salle d'un petit café, invisible de la ruelle, elle patienta un quart d'heure. Au patron qui tournait autour des tables, elle dit : « *Some more tea* », feignant de ne pas parler arabe. Réflexe de toutes les Arabes émancipées : une femme seule a tout intérêt à se prétendre occidentale. Elle fixa son verre de thé en se demandant comment les Arabes parvenaient à le faire aussi noir et aussi dépourvu de goût. En se penchant en avant pour écraser sa cigarette dans le cendrier, elle vit un bras tendu sous ses yeux. Un colosse blond en civil, mais d'allure militaire, était debout devant elle.

— Il va falloir que vous changiez de tenue pour ce que vous avez à faire, dit-il sans se présenter. Vêtue comme vous l'êtes, vous ne risquez pas de passer inaperçue.

— Vos collègues n'ont pas précisé que je devais me déguiser en Bédouine.

Il ignora le sarcasme.

— J'espère que ce début d'émeute ne vous a pas effrayée. C'est comme ça à Nabi Moussa. Cette fois-ci, il n'y a même pas eu de morts.

D'un geste, elle l'invita à s'asseoir. Il lui était désagréable d'être dominée par ce géant.

— Il en faudrait plus pour me faire peur. Mon père a connu la Palestine sous les Turcs. Eux, chargeaient au sabre.

Au loin, on entendait encore crier *Bilad Ech Cham* : LA GRANDE SYRIE ESPOIR DE TOUS LES ARABES. Y avait-il seulement un peuple arabe ? Et qu'est-ce qui la liait à eux, ces révoltés de Damas et ces paysans du Delta ? Elle aurait aimé avoir les idées aussi claires que celles de la sioniste perchée sur sa borne. Celle-là au moins savait où elle allait. Elle passerait sa vie à faire la navette entre l'orangeraie du kibboutz et Jérusalem.

— De toute façon, vous aussi Madame, vous êtes une Arabe d'un genre très particulier. Vous êtes druze.

— Est-ce aussi pour cela que vous m'avez fait expulser ? J'avais la parole du général Clayton que le Palais ne ferait rien contre moi en mon absence et on laisse entendre que je tenais un tripot clandestin ! Pourquoi ?

— C'est pour vous un alibi inattaquable. Qui

irait croire qu'on a expulsé d'Égypte un agent britannique ? Désormais, Princesse, vous êtes au-dessus de tout soupçon.

— Ne m'appelez pas Princesse, je vous en prie !

— Vous l'êtes pourtant. Un taxi viendra vous chercher demain matin à l'hôtel. Le mot de passe est « Malakein ». C'est lui qu'emploiera toute personne prenant contact avec vous de notre part.

— *Malakein ?* Pourquoi deux anges ?

Elle fut interloquée... Les Britanniques semblaient tout connaître de son existence. Même les deux anges de son précieux talisman.

— Je n'en sais rien, je n'ai pas choisi ce mot-là. Ce doit être un coup de nos arabisants. Vous allez transporter beaucoup d'argent. Expliquez à vos notables que ce n'est qu'un début. Les Druzes sont à vendre et nous ne lésinerons pas sur le prix.

« Le salaud ! pensa Amal. Mais ce n'est ni l'endroit ni le moment pour faire un esclandre. »

— Vous êtes censée être de passage pour un enregistrement. Demain, un taxi viendra vous chercher au studio. Ensuite, vous changerez de voiture et aurez comme chauffeur un Maltais, un certain Toni Abela. C'est un ancien guide touristique et les Français s'imaginent qu'il nous déteste parce qu'il a fait un petit séjour dans nos prisons. Sa camionnette n'est pas digne d'une princesse, mais on la laisse toujours passer sans la fouiller. Vous pouvez être rassurée, nous avons tout prévu, même votre petite fantasia équestre.

Elle le regarda droit dans les yeux.

— Je n'ai pas besoin d'être rassurée.

Assise sur la banquette à demi effondrée, près du Maltais suant et mal rasé, elle soupira, soulagée. Ils venaient de passer la dernière garnison française. Derrière eux, les colis et les cageots dansaient la sarabande au rythme des nids-de-poule. Aucun barrage militaire n'aurait le courage de fouiller un tel bric-à-brac. Le désert du Ledja était aussi inhumain que dans son souvenir. Les blocs de basalte ressemblaient aux rognons noirs et luisants d'une bête de cauchemar. Elle retrouvait la lumière aveuglante, l'aridité triomphale de son pays natal, avec ce bruit de tonnerre lointain.

Enfin, la camionnette aborda la rue principale de Soueïda. La ville avait toujours son air sournois de coupe-gorge, mais quelques constructions neuves tranchaient sur les maisons de couleur sombre qui lui avaient valu son nom : la Noiraude. Sur les terrasses, des femmes ramenaient devant leur visage, en le tenant entre leurs dents, le pan de leur voile blanc. Elles portaient des corsages de couleurs criardes qui béaient souvent sur leurs seins nus, mais c'était la bouche qu'il était interdit de montrer, car par elle pouvait entrer le diable. En petits groupes sur le seuil des portes, les hommes tenaient leurs conciliabules d'éternels comploteurs.

Le Maltais s'arrêta devant une petite maison basse à la sortie de la ville. Un homme d'une cinquantaine d'années, aux grosses moustaches, tenait un cheval par la bride. Amal alla fourrager dans le chargement, y trouva des jodhpurs ; et pour se changer pénétra dans une petite pièce obscure. Elle avait menacé de renoncer à la mission si on lui refusait le droit de faire son entrée chez elle à cheval. Elle se mit en selle et prit les devants pour goûter en paix l'ivresse de la dernière étape, saisissant les images au passage : un figuier éperdu, un bosquet étique assiégé de chèvres, une automobile rouillée, portières ouvertes comme les ailes d'un oiseau mort. Elle longea au trot un interminable semis de pierres grises et noires qui laissait à découvert une lanière étroite de terre rougeâtre. Penchée sur la crinière flottante, elle voyait sur sa droite une ombre jumelle bondir, comme si la cavalière et la monture tentaient vainement de fuir cet univers hostile.

La demeure surgit brusquement devant elle. Depuis son dernier voyage, on l'avait blanchie à la chaux. Elle leva les yeux vers la meurtrière qui, dans le haut mur sombre, marquait l'endroit d'où elle avait si longtemps espéré sa délivrance. Elle se souvenait du moindre détail de chacune des pièces, et surtout de la chambre où elle avait mis sa fille au monde et où le médecin, séparé par un rideau de ce que l'époux seul a le droit de voir, donnait des instructions à la sage-femme. Elle n'oublierait jamais les condoléances pour les neuf mois perdus à faire une fille. Elle allait enfin se venger de tout.

Quand elle mit pied à terre devant la porte massive, elle vit un petit attroupement d'enfants autour d'un chien au pelage raide. La nourrice vint à sa rencontre, robuste et joviale. Agrippée à sa longue robe noire une petite fille la fixait.

— Voyons, Camélia, c'est moi. Tu ne reconnais plus ta mère ?

Elle se pencha sur l'enfant et la prit dans ses bras.

— Mon amour, ma poupée. Mais c'est moi, voyons.

La petite fille se laissait faire. Elle lui lança sur un ton de défi :

— Bien sûr que je te reconnais. Mais pourquoi est-ce que tu n'es pas venue plus tôt ?

Flanqué de deux domestiques, Hassan parut sur le seuil. Il lui offrit son bras et la précéda dans la madiafé, la grande pièce voûtée, entourée de longues banquettes couvertes de coussins et de tapis qu'elle détestait tant, car c'était là que s'était réuni, jadis, le conseil des sages du clan qui avait voté l'exil de sa mère. Ils étaient tous là, comme une assemblée de vautours, l'air sombre, et elle savait trop bien ce qu'ils pensaient d'elle, la dépravée du Caire, et de sa tenue de cavalière. Elle reconnut cheikh Bahij au menton hérissé et aux yeux troubles, et près de lui, cheikh Saïd avec sa caroncule de dindon. Ils l'épiaient en cachant mal leur dégoût. Le poing sur la hanche, elle leur sourit en jouant avec sa cravache. Elle avait eu raison d'exiger cette tenue : on ne méprise jamais mieux qu'en bottes de cheval.

Hassan se dirigea vers le domestique qui faisait griller du café dans une grande cuillère posée sur un brasero. Il versa de ses propres mains le liquide brûlant dans la tasse et la tendit à son épouse. Elle savait qu'il faisait ce geste autant pour lui que pour elle. Il ne pouvait pas perdre la face devant le clan.

Il toussa et le silence s'établit d'un coup. Après la litanie des formules d'usage, il exposa la situation. Amal, son ancienne épouse, qui, comme chacun le savait ici, vivait auprès de son frère et de sa mère loin du Djabal, avait été contactée par les Britanniques et chargée d'une mission auprès des Druzes. Soucieux de limiter les conséquences d'un refus de leur part, ils avaient préféré passer par l'intermédiaire d'une femme pour apporter leur message et leur présent. Aux sages d'accepter ou de repousser l'offre des étrangers. Il termina son discours par le traditionnel *Alim Allah* — Dieu seul sonde les cœurs. Amal retrouvait avec horreur l'arabe du Djabal. Comparée à celle, suave, de l'Égypte, cette langue lui semblait cassante et monocorde. Avec la meilleure volonté du monde, elle n'aurait jamais pu chanter avec cet accent-là.

Les comptes étaient sans doute déjà établis, mais il fallait faire semblant de délibérer. Elle ferma les yeux, résignée à subir une pluie de discours inutiles. Ils se ressemblaient tous : l'orateur commençait par rappeler les hauts faits du clan, ses exploits dans la lutte contre les Français. Or ceux-ci, bien que vaincus, n'avaient rien perdu de leur arrogance. Les Britanniques permettraient sans doute un jour de secouer enfin cette tutelle. Ce qu'ils demandaient pouvait être accepté. Il suffisait de s'abstenir de leur faire obstacle quand il leur faudrait traverser le djabal Druze.

Sultan pacha, en sa qualité de doyen, parla le dernier de la voix douce et presque inaudible de ceux qui savent que, de toute façon, on fera silence pour les écouter. Il rappela que des agents britanniques, quinze ans plus tôt, avaient encouragé en sous-main la grande révolte druze contre la France. « Seuls les Anglais peuvent nous aider à retrouver notre indépendance, conclut-il. Ce n'est pas en vain qu'on nous appelle les Ben

Maarouf, ceux qui se souviennent des bienfaits reçus. »

Tandis qu'un domestique présentait du tabac aux assistants dans un panier de sparterie multicolore, un vieillard aux oreilles transparentes s'approcha d'Amal. Elle ébaucha le geste de lui tendre la main avant de s'arrêter net ; l'Égypte lui avait presque fait oublier ce qu'avait de dépravé ce geste. Hassan fit un signe et deux serviteurs sortirent de la pièce, pour y revenir presque aussitôt, portant avec peine un sac de jute. Ils en tirèrent plusieurs cartouches de Lucky Strike qu'ils éventrèrent sur le grand plateau ciselé. Les livres-or jaillirent en cascade et les dignitaires se levèrent pour la distribution.

Amal, les yeux mi-clos, savourait sa revanche. Elle n'était plus la fille d'Alya l'exilée. Elle n'était plus la dévergondée, la « Asmahane » que l'émir avait daigné épouser et qui avait si mal récompensé sa bonté, la mère indigne et répudiée. Quand les cheikhs eurent pris congé en serrant leur or sous leurs abayas noires, Hassan l'entraîna dans une petite pièce blanchie à la chaux dont il ferma soigneusement la porte.

— Tu ne peux pas repartir comme tu es venue. La camionnette sera sûrement arrêtée. Les Français te recherchent.

— Ils sont au courant ?

— Je ne crois pas. Il paraît qu'ils t'accusent d'avoir préparé un attentat contre le général Dentz.

Elle le fixa, éberluée.

— Un attentat ? Moi ? Mais ils sont fous !

— C'est ce que j'ai pensé en entendant cette histoire à dormir debout.

— Tu penses qu'ils peuvent venir ici ?

— Non. Ils apprendront nécessairement ton arrivée mais ils ne la connaissent pas encore. Et puis Dentz a trop de problèmes pour se mettre les Druzes à dos en ce moment. Mais ils essaieront de t'intercepter. Voici ce que tu vas faire. Tu vas te déguiser en Bédouine et gagner la frontière par la montagne avec une petite caravane. On n'arrête jamais les Bédouins. C'est beaucoup plus sûr que si je te donnais une escorte de cent cavaliers. Mais il faudra tout de même être prudente. C'est le colonel Collet qui commande les troupes de la région et il n'a pas les yeux dans sa poche.

— Collet des Tcherkesses ? demanda-t-elle, soulagée. Tu te souviens de lui aussi bien que moi. Et de sa femme, l'Irlandaise qui nous faisait rire avec ses plaisanteries, son accent et ses fautes de français. Je ne vois pas Collet des Tcherkesses donnant la chasse à une femme.

— Moi non plus, à vrai dire. C'est un guerrier et un homme d'honneur. Mais enfin, il n'y a pas que Collet, il y a d'autres Français, des gendarmes, des supplétifs syriens. Qui sait si Dentz n'a pas promis une prime pour ta capture ? Je ne me sentirai tranquille que lorsque tu seras arrivée à Jérusalem. Tu resteras plus longtemps la prochaine fois.

Elle le regarda passer la main dans ses cheveux, comme un collégien pris en faute. Rien ne pouvait le détacher d'elle. Il était resté celui qui, dix ans plus tôt, l'avait regardée, ébloui, quand elle lui avait ouvert la porte bleue. Et elle était incapable de l'aimer ! Une pensée la réconforta : de toute façon, elle ne pouvait ni renoncer à chanter au Caire, ni vivre dans ce Djabal qu'il était décidé à ne jamais quitter. Assis sur le divan près d'elle, il lui prit la main, et elle se sentit paralysée, incapable de dire un seul mot.

— Amal, ne parlons plus du passé. Reviens.

Il avait mis son bras derrière son dos et elle sentit qu'il allait l'attirer à lui. Elle se dégagea tant bien que mal. Il se leva, marcha de long en large et alluma fébrilement une cigarette.

— Pardonne-moi, dit-elle. Notre mariage n'existe plus. J'ai quitté cette maison pour toujours.

— Et Camélia ? N'a-t-elle pas besoin d'une mère ?

Il avait élevé la voix malgré lui. Dans le corridor, elle entendit une galopade d'enfant. Camélia poussa la porte, se précipita vers elle et s'arrêta net en voyant son père.

— Camélia, ma chérie, dit-il, que fais-tu ici ? Où est Nadia ? Pourquoi n'es-tu pas avec elle ?

— Je ne veux pas que maman s'en aille

encore. Je veux être avec maman. C'est toi qui la fais crier ?

Amal la prit sur ses genoux.

— Tout va bien, ma poupée. Je ne criais pas, je parlais un peu fort, c'est tout. Nous serons ensemble bientôt.

— Pourquoi pas tout de suite ?

— Ce n'est pas possible.

— Alors, quand ?

— Bientôt.

Après avoir tant souffert des mensonges de ces gens, elle mentait à sa fille. Elle écarta Hassan d'un geste, prit la petite dans ses bras et l'emmena dans sa chambre en marchant doucement pour se calmer. Elle la déshabilla, s'agenouilla devant elle et l'embrassa en lui caressant le dos de la main. Camélia restait aussi immobile qu'une statue. Elle n'était pas dupe de sa promesse.

Le spahi algérien rectifia la position et se précipita sous la tente kaki du poste de garde.

— C'est la femme du colonel Collet, mon lieutenant !

Le chef de poste sortit en hâte. Sous le képi bleu ciel, un grand sourire éclairait son visage fatigué.

— De retour à Damas, Madame ? Soyez la bienvenue. J'ai vu le colonel avant-hier. Il était en grande forme. Bonjour Pudgy !

Il passa la main par la vitre ouverte pour caresser le petit scottish noir connu de toute l'armée du Levant, et glissa au chauffeur :

— Le mot de passe est *Feuille d'érable.*

Le soir tombait en ce mois d'avril exceptionnellement froid, et la ville, soumise au couvre-feu, offrait un spectacle sinistre. Tous les trois cents mètres, les rues étaient barrées par une chicane. A chaque carrefour, le tube mat des mitrailleuses luisait. La voiture gémissait, tirant de la nuit, dans le faisceau des phares, un minaret, une fontaine ou une maison basse à la lourde porte noire.

Après tant d'années de vie errante et militaire, Anne Collet ne se laissait plus impressionner par grand-chose. Elle disait qu'Irlandaise et femme d'officier, elle avait deux raisons de posséder des nerfs solides. Quand elle arriva à la réception de l'hôtel Normandie, protégé des attentats par un rempart de sacs de sable, une grande enveloppe l'attendait. Le général Dentz, commandant en chef, haut-commissaire de France en Syrie et au Liban, l'invitait à un dîner privé le lendemain. Épuisée par le voyage, elle s'endormit vite. Elle s'éveilla, comme chaque jour, à six heures du matin. Le canon grondait au loin. Il devait s'agir de tirs à blanc, destinés à intimider les Damascènes. Elle n'avait pas entendu cette musique depuis la grande révolte druze, juste après son mariage, alors qu'elle venait d'arriver dans le pays.

Elle prit une douche et s'habilla pour la journée qui l'attendait à l'hôpital militaire. Elle avait horreur d'être oisive et c'est pour cette raison qu'elle avait fait des études d'infirmière. Quand elle arriva au Palais du gouvernement, après avoir juste eu le temps de repasser à l'hôtel pour enfiler son unique robe habillée, elle s'aperçut avec étonnement qu'elle était la seule invitée. La maîtresse de maison, une petite femme boulotte permanentée de frais, l'attendait dans un salon trop vaste pour être bien chauffé.

— Je suis ravie de faire votre connaissance, lui dit-elle. On m'a beaucoup parlé de vous. Toujours en bien, rassurez-vous. Même le Maréchal. Mon époux va arriver d'un moment à l'autre.

La générale trouvait son invitée peu distinguée. Elle avait pénétré dans la pièce comme si elle la prenait d'assaut, et parlait beaucoup trop fort. Elle ne ressemblait pas du tout, avec sa crinière rousse, à une femme de colonel dînant chez le supérieur de son mari. La conversation ne serait pas facile. Elle fut soulagée quand Dentz fit son entrée. C'était un homme massif, au visage de paysan alsacien, rougeaud et taillé à coups de serpe. Cassé en deux dans un baisemain, il balaya le poignet d'Anne de ses grosses moustaches noires.

— Dès que j'ai appris votre arrivée, j'ai saisi l'occasion de faire votre connaissance, chère Madame, dit-il.

— Collet doit revenir bientôt à Damas, n'est-ce pas Henri ? demanda la générale.

— Après-demain, en principe, s'il a fini de calmer les excités de son secteur. Les sabres de ses Tcherkesses devraient régler le problème très vite.

En passant à table, il fit un bref commentaire sur le manque de blé, et les troubles qu'exploitaient les agents anglais et allemands. Après avoir dit tout le bien qu'il pensait du pâté de canard servi en hors-d'œuvre, il évoqua quelques souvenirs. Le plus beau jour de sa vie avait été celui où, accompagné de son frère André, il avait ramené leur vieux père à Soultz-sous-Forêts, le village que celui-ci avait abandonné, en 1871, pour ne pas devenir allemand. Puis il se lança dans une diatribe contre les Anglais.

— En tant qu'Irlandaise, vous les connaissez bien, n'est-ce pas ? Ils vous ont fait assez de mal ! Ils viennent de me jouer un tour de leur façon. Nos anciens alliés deviennent dangereux !

— Dangereux ?

— Oui, ils viennent de monter une opération pour me faire assassiner.

— Pourquoi ?

— Parce que je les gêne, pardi ! J'obéis aux ordres de mon gouvernement. Si je vous disais qui ils ont recruté pour perpétrer leur attentat, vous seriez stupéfaite.

Il marqua un temps pour ménager son effet.

— Ils ont été chercher une femme ! Oui, une femme ! Comme la Milady des *Trois Mousquetaires*. Elle est en fuite, mais elle va être arrêtée d'un moment à l'autre. Au fait, vous qui êtes une ancienne de la campagne Druze, vous la connaissez peut-être. Amal al-Attrach, celle qui est devenue chanteuse au Caire sous le nom d'Asmahane.

— La fille de Nimr al-Attrach ! Oui, je l'ai bien connue. Elle était encore une enfant à l'époque, une enfant délicieuse. Ce que vous dites d'elle m'étonne beaucoup.

— Une chanteuse ! Je suis sûre qu'elle aurait utilisé le poison. Henri n'est pas assez méfiant, dit la générale.

— Cela aurait bien fait plaisir à de Gaulle, bougonna Dentz. Au fait, chère amie, que pense votre époux du général de Gaulle ?

Anne, interloquée, ne savait que répondre. Était-il au courant des intentions secrètes de son mari ? Savait-il qu'il avait pris sa décision ?

— Ce qu'il pense du général de Gaulle ? dit-elle enfin en accentuant son accent et en feignant de ne pas très bien comprendre ce qu'on lui voulait.

— Oui, du général félon qui bafoue l'autorité légitime de son pays.

Elle le regarda innocemment.

— Mais si c'est un général félon, mon mari ne peut que le mépriser.

— Bien sûr, bien sûr, grommela Dentz. Mais il faut tout de même qu'il fasse très attention. Vous savez, les Tcherkesses ne sont pas français. Ce sont des mercenaires, des espèces de cosaques. On dit que les Anglais et les gaullistes cherchent à nous les acheter.

Il fit un signe au maître d'hôtel en gants blancs et un gigot aux flageolets fut servi.

— On parle toujours du général de Gaulle, reprit-il. En fait, il a été nommé général de brigade à titre provisoire. On devrait dire le colonel de Gaulle.

Sa moustache se mit à danser au rythme d'une colère mal contenue.

— Et un colonel se permet de se révolter contre ses supérieurs ! Un colonel m'empoisonne l'existence ! Vous ne pouvez pas imaginer combien mon poste est difficile. Je n'en voulais pas, mais le Maréchal a tant insisté. De Gaulle et Catroux ne me simplifient pas les choses !

— Catroux était pourtant si charmant ! observa la générale attristée. Un brillant cavalier, un tennisman de première force, un excellent bridgeur.

— Oui, nous le connaissions bien. Je ne me doutais pas qu'il finirait de cette façon ! Un général d'armée servant comme supplétif des

Anglais sous l'autorité d'un colonel condamné à mort pour désertion. On aura tout vu !

Il réfléchit un instant.

— Vous pourriez nous être très utile, chère Madame. Vraiment très utile.

— Volontiers. Que puis-je faire ?

— Eh bien, vous connaissez presque tous les officiers ici, contrairement à moi qui viens seulement d'arriver. J'aimerais que vous me disiez qui, à votre avis, écoute la BBC ou a des sympathies pour de Gaulle et Catroux.

Son sang ne fit qu'un tour.

— Que leur arrivera-t-il ?

— Rassurez-vous, je me contenterai de les renvoyer en métropole. Nous leur aurons rendu un fier service, vous et moi.

— En France occupée ?

— Les Allemands respectent les officiers. Croyez-en un Alsacien comme moi, qui les déteste depuis toujours. Si je recevais l'ordre de les combattre, je le ferais bien volontiers. Mais enfin, nous avons été battus, et il faut en tirer les conséquences.

— Au point de collaborer avec l'ennemi ?

— Voyons, chère amie, il n'y a plus d'ennemi. L'armistice a été conclu par l'autorité légitime. Quand j'ai moi-même signé la capitulation de Paris, je ne l'ai pas fait de gaieté de cœur, mais un soldat est là pour obéir. Depuis l'armistice, l'Allemagne n'est plus l'ennemie de la France.

Elle se tut. Ce n'était pas du tout l'avis de Collet. A son retour, elle lui raconterait cette conversation. Elle l'interrogerait aussi sur l'accusation portée contre Amal al-Attrach. La petite Amal, si impertinente et si drôle, montant un attentat contre le haut-commissaire français ! Et cela dans un pays où l'on pouvait trouver aisément cent spadassins prêts à le faire pour quelques livres ! Les Druzes confiant ce travail-là à une femme ! C'était tout simplement délirant ! Mais il y avait plus grave. Dentz soupçonnait les Tcherkesses, et donc leur chef. Son intuition la trompait rarement. Il devait avoir eu vent de quelque chose. Collet devait passer la frontière au plus vite ! Dès demain, si c'était possible.

Plongée dans ses réflexions, elle reprit du dessert et la générale en tira la conclusion que, décidément, cette petite Madame Collet était très mal élevée.

On approchait du poste-frontière de Deraa. Dans la nuit claire, la Citroën cahotait sur la piste en ronflant, se réveillant pour un bref hurlement quand une ornière trop profonde exigeait qu'on repassât en première. Collet n'avait jamais daigné apprendre à conduire, de crainte, disait-il, de vexer ses chevaux. Il laissait ce soin à son chauffeur et, plus rarement, à sa femme qui, auprès de lui, se tirait d'affaire avec virtuosité.

Il réfléchissait. Si l'ordre avait été donné de l'intercepter, quelques camarades devaient faire, en ce moment même, une drôle de tête. Arrêter pour désertion l'officier dont la croix de guerre était la plus longue de l'armée française! Pourtant, Anne avait raison. Ses intentions avaient certainement été percées à jour et ses préparatifs connus; on trouve des bavards et des imprudents partout. Il avait fallu précipiter le départ pour ne pas se retrouver dans une cellule de la Sécurité militaire de Damas, en attendant un transfert en France par le premier avion. La plupart des officiers de l'armée du Levant se reconnaissaient en Dentz. Ils détestaient les Allemands, étaient patriotes, mais obéissaient aveuglément au chef légitime qu'était, à leurs yeux, le maréchal Pétain, vainqueur de Verdun. S'ils en recevaient l'ordre, ils arrêteraient Collet, à leur corps défendant, en l'assurant de leur respect et de leur admiration. On trouverait même un lieutenant pour commander le peloton. « Désolé d'avoir à vous fusiller, mon colonel, mais la discipline ! »

Il chassa de son esprit cette idée désagréable et tapota nerveusement de son stick ses bottes étincelantes.

– Calme-toi, Bobby. Tu es épuisé. Il y a deux jours que tu n'as fermé l'œil, mon pauvre chéri.

Il sentait l'inquiétude dans sa voix, qu'elle semblait toujours avoir peine à empêcher de claironner. Après leur mariage, il avait mis quelque temps à s'habituer à cette façon de parler tonitruante, qui surprenait tant ses parents. Anne avait su se faire apprécier d'eux par ses qualités de cœur et toute la famille avait accepté l'acrobate pour les beaux yeux de laquelle, quand son cirque avait fait halte quinze ans plus tôt à Alep, il avait été pris d'une passion si violente qu'il lui avait, séance tenante, offert le mariage. Il se souvint de ses démêlés avec son chef de corps, dont l'autorisation était nécessaire. « Voyons, Collet ? Vous n'allez tout de même pas épouser une étrangère, et qui plus est, une saltimbanque ? » Mais les renseignements pris en Irlande avaient été bons, et il avait eu gain de cause. Il ne l'avait jamais regretté.

Ils roulèrent un bon moment en silence.

– Bobby, parle-moi, sinon je vais finir par m'endormir. A moins que tu ne préfères que je chante quelque chose ?

La perspective de subir en un tel moment des berceuses irlandaises l'épouvanta.

– Eh bien parlons ! Je n'ai rien à te refuser. Je crois que ton dîner d'hier m'a sauvé.

– De toute façon, ta décision était prise et c'était la seule possible. On ne pourra pas te reprocher de l'avoir prise à la légèreté.

– On dit à la légère. Ou avec légèreté, si tu préfères. En fait, j'ai mis du temps à la prendre. Ce n'était pas facile.

Quand avaient couru les premiers bruits d'invasion allemande en Syrie, il avait réuni tous ses officiers pour démentir ces rumeurs stupides. Le Maréchal ne pouvait pas avoir autorisé cette violation flagrante des accords d'armistice. Il avait cru bon d'ajouter que si, par extraordinaire, Pétain commettait une forfaiture, lui, Collet des Tcherkesses, serait le premier à passer de l'autre côté. Il leur en avait donné sa parole. Pure hypothèse d'école, puisque le Maréchal était au-dessus de tout soupçon ! Quand la nouvelle de l'arrivée des Allemands avait été confirmée, il s'était d'abord refusé à la croire. Ensuite, il ne lui restait plus qu'à s'exécuter. Désormais, il pensait au vieillard étoilé avec pitié. Il était vieux, mal entouré. Ah, ce désir sénile de jouer le premier rôle !

– Au fait, observa Anne, tu ne m'as pas expliqué pourquoi le général a inventé cette histoire d'attentat monté par Amal al-Attrach ?

– Je ne crois pas qu'il l'ait inventée. Ce doit être une bourde de son Deuxième Bureau. Ils sont complètement idiots. Les Druzes envoyant Amal assassiner le commandant en chef des troupes françaises du Levant ! Laisse-moi rire !

Elle eut envie de jouer l'avocat du diable.

– Tu sais, au fond ce n'est pas tellement idiot. Rappelle-toi. A part nous, elle ne pouvait pas supporter les Français. Et elle était d'une audace folle. Un vrai garçon manqué. Et puis les Druzes n'ont jamais pardonné à Dentz de les avoir entraînés dans un truc noir. Tu me l'as dit toi-même.

Il sourit. Il adorait la façon dont elle malmenait le français.

– J'ai sûrement dit traquenard, pas truc noir. Un traquenard, c'est un piège. Oui, ils détestent Dentz, mais ils n'ont aucune raison de le tuer si longtemps après le tour qu'il leur a joué. De toute façon, ils ne lui auraient pas envoyé Amal. C'est comme si moi, officier de carrière, je te chargeais d'aller poignarder l'amiral Darlan !

Il consulta sa montre. Le fait d'avoir dû précipiter l'opération en avait compromis les chances de succès. Il n'avait pas eu le temps de convaincre plus d'une demi-douzaine des vingt-quatre officiers de l'encadrement de se rallier à la France libre.

– En tout cas, Moreau a emmené l'essentiel de ses deux escadrons, dit-il, comme pour lui-même.

– Tu entends, Pudgy ? s'exclama Anne. Tu vas revoir ton grand ami Bibi !

Le capitaine Moreau était adoré de ses hommes pour sa générosité et sa vaillance. Il ne se séparait jamais de son chien, un affreux bâtard, qui avait perdu une patte dans la campagne de France. Quand le glorieux mutilé rentrait en clopinant de sa promenade autour de la caserne, la plaisanterie favorite des soldats était de lui présenter les armes.

Dans le pinceau des phares, ils aperçurent la barrière blanche de la frontière, précédée d'une chicane de barbelés. Le moment le plus délicat était arrivé. Sa voiture était connue de tous ; si Collet passait en force, brisant l'obstacle de bois, il était peu probable que le chef de poste fît ouvrir le feu. S'il s'arrêtait, il était perdu, dans le cas où un ordre le concernant aurait déjà été diffusé. Il ne mettrait pas un camarade dans la situation de violer sa consigne et de passer en conseil de guerre. A moins que le chef de poste n'accepte de le suivre ? Risqué, très risqué...

– Qu'est-ce que je fais ? demanda Anne, dont l'anxiété accentuait l'accent.

– Arrête-toi. Je ne suis pas un contrebandier, nom de Dieu !

Il jouait le tout pour le tout. Quand la voiture s'immobilisa, un sous-lieutenant portant le képi noir à ancre de la Coloniale s'avança, torche électrique en main. Dès qu'il eut reconnu Collet, il salua et cria à ses hommes le : « A vos rangs, fixe ! » réglementaire. Tandis que la barrière se levait, on entendit leurs talons claquer dans la nuit.

Anne embraya souplement, accéléra, parcourut en silence quelques kilomètres, puis s'autorisa à exploser de joie.

– Oh, Bobby, we did it ! We did it ! That's wonderful, isn't it ?

Elle freina et se jeta dans ses bras en pleurant. Elle avait retrouvé sa langue maternelle pour saluer la réussite de son dernier numéro d'acrobate. Il fut heureux de constater, une fois de plus, qu'elle avait les nerfs solides.

– We did it, comme tu dis. C'est même well done ! Autant nous habituer à parler anglais tout de suite. Le poste a rendu les honneurs à un transfuge ! Ils n'étaient pas encore au courant.

Ou alors, le chef de poste nous rejoindra bientôt...

En plein milieu de la route, deux hommes juchés sur des dromadaires étaient suivis d'un âne que montait, à en juger par la souplesse de son maintien, une femme. Elle se retourna en entendant approcher la voiture, arrêta sa monture et se plaça sans hésiter en travers du chemin pour leur barrer le passage. Loin de la rabrouer, ses deux compagnons avaient fait halte sur le bas-côté et semblaient attendre la suite des événements.

– Qu'est-ce qu'elle nous veut ? demanda Anne. C'est peut-être une folle.

– Arrête-toi. Ce sont des contrebandiers. C'est bien le moment de nous proposer des cigarettes blondes ou du whisky !

Quand ils furent arrivés à sa hauteur, la moricaude, dont on distinguait mal les traits derrière le voile, les apostropha dans un français irréprochable.

– Le colonel Collet ! Décidément, Allah me protège aujourd'hui. Loué soit le Miséricordieux !

Elle écarta son voile.

– Vous ne me reconnaissez pas ? Vous avez oublié la petite Amal al-Attrach ?

Anne, stupéfaite, semblait vouloir épuiser toutes les ressources en interjections de la langue anglaise. Collet cherchait la fillette qu'il avait connue dans ce visage, dont une épaisse couche de fard noirâtre ne parvenait pas à éteindre la beauté. C'était pourtant la fille de ce vieux brigand un peu fou de Nimr al-Attrach, qu'il avait laissé filer jadis à Soueïda – à quoi bon le fusiller celui-là ? Après tout Gouraud s'en était tiré ! – c'était la petite casse-cou qui dépeçait toutes ses poupées. Il savait seulement qu'elle était devenue une chanteuse célèbre et avait épousé un cousin durant toutes ces années où il l'avait perdue de vue. Et voici qu'elle l'intimidait presque, éclatante dans sa défroque, la masse sombre de ses cheveux libérée de la toile de sac où elle était prise. Le regard vert dont il se souvenait était devenu troublant comme une promesse de volupté. En le voyant la dévisager, elle éclata de rire.

– Vous me trouvez changée, n'est-ce pas ? Les Français veulent m'arrêter, mais vous en savez sûrement plus que moi. Hassan m'a dit qu'on m'accuse d'avoir voulu tuer le général Dentz. C'est idiot ! Dire que c'est à cause de lui que je voyage dans cette tenue et à dos d'âne !

– Je n'en sais pas plus, avoua Collet, penaud. Et je ne risque pas de demander des précisions au général ! Tu...

Il s'arrêta, embarrassé par le tutoiement qui venait du passé. Amal fit semblant de ne pas le remarquer. Elle lança quelques mots arabes à l'un des Bédouins qui vint chercher sa monture, puis elle s'installa sur la banquette arrière.

– Chère Madame Collet, dit-elle sur le ton des mondanités, je suppose que vous ne voyagez pas sans trousse de toilette ?

Pendant qu'Anne allait fouiller le coffre, Collet prit son parti. Ce n'était plus une fillette.

– Vous avez pu franchir la frontière sans trop de difficultés ?

– Oh, colonel, vous me disiez tu. Vous savez bien qu'il n'y a pas de frontières pour les Bédouins. Hassan dit qu'un déguisement vaut mieux qu'une escorte de cent cavaliers.

– L'émir a raison. Heureusement pour vous, beaucoup de nos officiers n'ont aucune expérience du pays.

– Je n'ai pu trouver que des mouchoirs et de l'eau de Cologne, dit Anne en reprenant sa place auprès de son mari.

– C'est mieux que rien.

Durant la dernière partie du voyage, Amal raconta paisiblement ce qu'avaient été toutes ces années. Anne, incrédule, écoutait les moments clés – mariages, naissance de Camélia, débuts difficiles, triomphes et ennuis au Caire. Elle retrouvait l'enfant de jadis, imprévisible, drôle et passionnée. Collet écoutait sans souffler mot, encore sous le coup de la surprise. A l'entrée du village, éclairée par les phares de deux camions, une Jeep de la police militaire britannique leur ouvrit le passage. Des hommes bardés de cartouchières et coiffés de toques d'astrakan chaloupaient sur leurs jambes arquées tout au long de la rue principale. Collet tenta de les compter. Il y en avait une quarantaine. D'autres passeraient peut-être dès qu'ils seraient informés de la présence de leur chef en Transjordanie. Il eut le cœur serré en pensant à l'effectif plein de ses Tcherkesses. De toute façon, de Gaulle n'était guère habitué aux ralliements en masse.

– Voudriez-vous me déposer ici ? demanda Amal, quand ils passèrent devant une maison cossue. Ce sont mes amis.

– J'espère que nous nous reverrons bientôt, dit le colonel en répondant à son sourire.

L'eau de Cologne avait fait des miracles et il avait peine à cacher son admiration. Quand il descendit de voiture devant le quartier général britannique, deux Tcherkesses le saluèrent, puis se précipitèrent pour baiser la main d'Anne. Sur la placette, des auxiliaires arabes dansaient d'allégresse en lançant en l'air leur fusil et les femmes stridulaient leurs youyous. Le résident de Mafrak l'attendait. Dans sa joie, il lui donna une accolade peu réglementaire.

– Il y a sans doute encore quelques isolés qui tentent de passer, lui dit Collet. J'espère qu'aucun de vos postes n'a ouvert le feu ?

– Rassurez-vous, colonel, cette nuit, personne ne tire. Du moins chez nous. L'une de nos patrouilles s'est fait accrocher par vos compatriotes. Un mort et deux blessés. That's a pity...

Collet ne se faisait aucune illusion : quand les Britanniques et les Français libres entreraient en Syrie, les troupes de Vichy leur tireraient dessus. Qu'il était donc long le chemin de la victoire ! Serait-il encore en vie ce jour-là ? Soudain, il se sentit essoufflé, accablé par une énorme lassitude. « Faiblesse cardiaque. Ménagez-vous un peu, mon colonel », lui avait dit le major. Le conseil était excellent. Il se ménagerait dès que la France serait libre.

Au retour de sa mission à Soueïda, les Britanniques demandèrent à Amal de passer quelque temps en Palestine. Ils pourraient mieux assurer sa protection qu'au Caire. Il n'était pas souhaitable qu'elle reparût en Égypte dans l'immédiat. Elle comprit que si elle passait outre, ils ne lui paieraient pas la somme promise. D'ailleurs Jérusalem lui convenait : quelques excellents ingénieurs du son juifs, fuyant Hitler, en avaient fait la ville qui disposait des meilleurs studios du Proche-Orient. Elle commença à enregistrer tout son répertoire et fut éblouie par la qualité du son. Impatiente de rentrer chez elle, elle envoyait télégramme sur télégramme à ses amis du Caire, pour souhaiter une fête, un anniversaire ou se rappeler à leur attention comme si elle craignait d'en être oubliée. Mary faisait le voyage le plus souvent possible, mais ne pouvait guère passer plus de trois jours de suite auprès de son amie.

Mohamad avait souvent à faire à Jérusalem. Il s'était promis, une fois de plus, d'éviter Amal, mais l'une de ses premières visites, quand il retrouva la ville trois fois sainte, fut pour le King David. L'énorme hôtel semblait en état de siège et deux automitrailleuses flanquaient l'entrée principale. Chacun savait que, d'un jour à l'autre, les Anglais et les gaullistes allaient marcher sur Damas et l'on prenait quelques précautions.

— Comment allez-vous, Monsieur Tabeï ? Et comment va Le Caire ? On ne vous avait pas vu depuis un bon moment, lui lança le concierge, un Suisse au large visage encadré de favoris roux.

Après quelques paroles aimables, Mohamad demanda si Madame Asmahane était visible.

— Je pense que oui. La princesse m'a dit qu'elle vous attendait. Hier soir elle était un peu... contrariée. Il y a eu un petit problème de priorité.

Tenu à la discrétion professionnelle, il s'interdisait d'en dire davantage et Mohamad n'insista pas.

Il contempla sans la voir la flèche lumineuse qui indiquait les étages au-dessus de la porte de l'ascenseur. De quelle humeur serait-elle ? A chacun des télégrammes d'Amal, il avait fait des réponses évasives. Dans son dernier message, elle assurait devoir le consulter d'urgence pour une affaire de la plus haute importance.

Aïcha fut plus explicite quand elle ouvrit la porte de la suite. Elle accueillit le visiteur avec plaisir. De toute évidence, la vie en Palestine lui pesait. Puis elle lui confia que sa maîtresse était très énervée et dormait encore.

— Que s'est-il donc passé ?

— Elle s'est disputée avec la reine Nazli !

C'était donc à cela que faisait allusion le concierge. Nazli avait été ulcérée de trouver la suite royale occupée par son ancienne rivale.

Le salon, que ne parvenaient pas à meubler, tant il était vaste, trois commodes rococo et deux sofas recouverts de velours pourpre, ressemblait à l'arrière-boutique d'un fleuriste. Le sol était une mer de cellophane froissée, de somptueux bouquets défraîchis dont la carte de visite n'avait pas même été retirée, de lys épars et de hautes gerbes de glaïeuls. Les admirateurs ne faisaient pas défaut à la vedette. Il s'arrêta sur le seuil de la chambre. La porte était ouverte et Amal dormait à plat ventre, sans oreiller. Il s'arrêta et tendit la main pour toucher ses cheveux, noirs et brillants. Aïcha tira les rideaux, faisant entrer dans la pièce un flot de lumière.

Il chuchota : « Amal, c'est moi. » Les yeux clos, elle prit sa main et fit un effort pour se redresser et appuyer la tête sur le dosseret capitonné. Elle ouvrit enfin les yeux et, le front plissé, le regarda sans sourire.

— Enfin ! Tu te souviens un peu de moi ? Tu as compris que je t'attends depuis des jours et des jours ?

Il n'était pas homme à s'expliquer et la laissa poursuivre.

— Approche, j'ai la vue un peu brouillée. J'ai pris un somnifère, hier soir. J'avais trop envie d'étrangler cette vieille folle. Il faut que j'avale les cachets qui réveillent, maintenant.

— Ne recommence pas tes bêtises.

— Rassure-toi. Je mourrai dans l'eau, pas par le poison. J'ai cru que tu ne viendrais jamais !

— Mais je travaille, moi aussi. Il faut bien que je m'occupe de mon journal ! Que s'est-il passé avec ta folle ? Je suppose que c'est de Nazli que tu parles.

— Je l'ai rencontrée dans le hall et, en me voyant, elle est devenue pâle comme la mort. Elle s'est mise à hurler : « Cette femme n'a rien à faire ici. Elle doit quitter l'hôtel tout de suite, sinon, c'est moi qui m'en irai ! » L'officier anglais qui l'accompagnait a eu toutes les peines du monde à la calmer. Ensuite, elle a été danser au night-club. Il doit y avoir quelques jolies photos. Tu devrais en rapporter une à Hassanein.

Elle se leva et vint l'embrasser en titubant avant de se diriger, soutenue par sa servante, vers la salle de bains. Quand elle reparut, enveloppée dans un peignoir trop grand pour elle, marqué aux initiales de l'hôtel, elle fredonnait l'un de ses succès, dont son frère Farid avait, un soir, improvisé pour elle les paroles, sur une musique d'Abdel Wahab.

La sirène du paquebot a sifflé
Et j'ai crié, où vas-tu mon amour?
Trop longue est pour moi chaque absence.

Tabeï, planté devant la fenêtre, regardait la ville blonde, dont la rumeur lui parvenait, assourdie. Elle se coula contre lui. La lumière donnait, aux collines calcaires, des reflets de neige et faisait flamber la coupole de Aqsa.

— Nous pourrions voir les palmiers de Jéricho si nous étions plus haut. Tu ne sens pas Dieu partout, ce matin ?

— Dieu ? Non, un de ses saints peut-être. Celui qui se fait toujours précéder par un dragon. Saint Georges, je crois. Il y a des troupes partout. Parle-moi plutôt de ton voyage. Tu sais qu'on raconte beaucoup de choses dans les journaux. Et Hassan ?

— Les Druzes ne lisent pas les journaux. Pour le reste, Hassan a meilleur moral. Le temps guérit bien des blessures.

Elle eut un rire qu'il sentit un peu forcé.

— Hassan me demande de retourner vivre avec lui. Tu m'imagines ! Soueïda ? Encore !

Pour se donner une contenance, il ouvrit sa serviette de cuir noir et en sortit un paquet.

— J'ai fait venir cela pour toi de Portobelo.

Elle déchira l'emballage avec une impatience enfantine et claqua des mains en découvrant un grand chameau de porcelaine peint de jaune et de rose. Tabeï fit jouer deux invisibles charnières de bronze et l'animal, à la façon des poupées russes, révéla un second chameau à son image.

— Quel sens de la famille !

Amal les ouvrit l'un après l'autre et les aligna en file indienne sur la commode avant d'embrasser Mohamad. Elle passa les mains derrière son cou. Doucement, il se dégagea et posa un baiser sur ses mains jointes. Il eut l'impression que sa tête se vidait, qu'il ne pouvait plus rassembler ses pensées.

— Comment aimerais-tu passer cette journée ? lui demanda-t-il. Veux-tu que nous allions à Jaffa manger des rougets dans un restaurant du bord de mer. A moins que tu ne te sentes plus...

Il chercha le mot.

— ... spirituelle. Nous pouvons aller à Jéricho par exemple. Ou à Hébron.

— Nous verrons bien. Pour l'instant, va te rafraîchir. Tu dois en avoir besoin après une longue nuit dans le train.

Sans répondre, il prit sa trousse de toilette et passa dans la salle de bains. En se rasant, il réfléchissait à l'étrangeté de la situation. Il entendit soudain la voix d'Amal qui téléphonait. Sans lâcher son rasoir, il s'approcha de la porte entrebâillée. Elle lui tournait le dos, vêtue d'un pull beige et d'une robe évasée. Elle avait l'air d'une adolescente se préparant à faire l'école buissonnière et il l'entendit très distinctement chuchoter : « Oui, il est ici. A tout à l'heure, John. A tout à l'heure. »

Dès qu'elle le vit paraître, achevant de nouer sa cravate, elle lui lança :

— Quelque chose ne va pas ?

— Pourquoi ?

— Tu n'as pas l'air content du tout. Tu as même l'air furieux.

— Moi, furieux ? Je me demande bien pourquoi.

Elle lui sourit, s'approcha de lui et passa à nouveau ses bras autour de son cou. Cette fois, il n'eut pas la force de se dégager. Elle lui murmura :

— Tu sais pourtant bien que je t'aime.

Il parvint à rester impassible. Il fit deux pas en arrière pour scruter son visage.

— Tu m'as entendue téléphoner, n'est-ce pas ? John, c'est le général Evett, reprit-elle. Tu en as sûrement entendu parler. Quand je lui ai dit que tu venais, il a demandé à te connaître. Il déjeunera avec nous. Tu vois, il y a tout de même quelques Anglais qui ne me traitent pas trop mal.

Elle éclata de rire comme si cette invitation eût été d'une irrésistible drôlerie. Mohamad fit de son mieux pour l'imiter.

Quelques heures plus tard, il franchit la porte sculptée du Elm's Room avec le sentiment que, si Amal lui avait laissé le choix de l'endroit, il ne serait pas resté sur les lieux de son algarade avec la reine mère. Des Égyptiens occupaient plusieurs tables de la salle à manger. Sous leurs yeux, il suivit la progression du maître d'hôtel dans le vacarme des conversations et le tintement des couverts, tandis que le pianiste que personne n'écoutait multipliait ses arpèges. Au passage, il ne put éviter le secrétaire de la reine Nazli, qui lui tendit une main moite. Cet ancien confrère, qu'il avait connu quelques années plus tôt vigoureux et hardi, avait déjà l'air d'un vieillard. Le service de sa maîtresse l'avait prématurément conduit à la décrépitude. Il échangea quelques mots avec lui, et apprécia qu'il n'eût pas fait allusion à l'incident de la veille. Il s'arrêta enfin devant la table réservée au nom d'Amal. Un officier grand et maigre au visage ouvert et à l'allure d'adolescent prolongé se leva et joignit les talons.

— Major général Evett, commandant la sixème division. Heureux de vous connaître.

— Mohamad Tabeï. Je suis ravi, moi aussi, de faire votre connaissance, général. Votre sixième division est à l'honneur en ce moment.

— Les amis de la Princesse sont toujours les bienvenus. Surtout les journalistes. Une artiste a si souvent besoin de la presse !

Amal se faisait attendre. Mohamad, par un

réflexe professionnel, interrogea l'officier sur son unité. Il savait qu'elle constituerait le fer de lance de la force qui allait envahir la Syrie, bien que l'information fût, en principe, secrète. Evett ne fit pas trop de difficultés pour en convenir. Il pensait que les troupes de Dentz se défendraient âprement, même face à leurs compatriotes gaullistes. Mais ce n'était pas, de toute évidence, le sujet qui l'intéressait le plus.

— Connaissez-vous la Princesse depuis longtemps ? demanda-t-il comme on se jette à l'eau.

— Depuis ses débuts au Caire, il y a plus de dix ans déjà.

— Moi, depuis seulement quelques semaines. Quelle femme étonnante !

Mohamad approuva d'un air pénétré. L'adjectif n'était pas trop mal choisi.

— C'est une grande artiste et une grande patriote, reprit le général. En ce moment, cela n'est pas sans importance. Elle lutte pour la cause de l'indépendance druze. Une juste cause.

— Oui, elle aime son pays natal, confirma Tabeï.

Que savait d'Amal cet échalas étoilé ? Quelle place lui attribuait-il dans son univers, aussi propret et bien ordonné que la relève de la garde à Buckingham ? Il l'avait lancée dans une aventure qui aurait pu être mortelle, dans le seul intérêt de l'Angleterre, et voici qu'il se posait en partisan de l'indépendance druze, cette chimère à laquelle il ne pouvait pas croire un seul instant ! Lawrence d'Arabie, lui aussi, avait joué son jeu personnel et, accessoirement, celui de Sa Majesté.

— Figurez-vous, reprit l'Anglais, qu'un jeune photographe de Londres, un garçon plein de talent, vient d'arriver ici pour le *Times supplement.* Je lui ai conseillé, à son retour du front, de consacrer un reportage à la Princesse. Pas trop de littérature mais des choses vues, c'est ce que j'ai dit à ce Beaton.

Il se leva d'un bond et se précipita sur la main qu'Amal lui tendait.

— Alors, vous avez fait connaissance ? dit-elle en remettant machinalement en place, avant de s'asseoir, le peigne d'ivoire qui retenait sa chevelure. Je vous en ai laissé tout le temps. Je suis toujours en retard.

— Pas du tout, ma chère, pas du tout !

— John, je vous ai déjà dit que Mohamad avait été l'un des premiers à me trouver du talent. C'est le plus inconditionnel et le plus ancien de mes fidèles, avec Abdel Wahab, mon premier professeur de chant. Ces derniers temps, Mohamad me boude un peu.

Tabeï fit un petit geste de dénégation aimable. En la regardant lire la carte, il se demandait s'ils étaient ou non amants. Il lui fallut faire un effort pour saisir le sens de la question que le général était en train de lui poser.

— Ce que je pense de l'unité arabe ? Disons

qu'un jour, le problème arabe sera un problème international. Alors, peut-être les Arabes changeront-ils. Pour l'instant, comme vous le savez, ils sont plutôt divisés.

— Il faudrait un miracle pour les changer, glissa Amal sans lever les yeux du menu qu'elle semblait étudier.

Lorsqu'il était question des Arabes, elle tenait à prendre ses distances, comme si, en tant que Druze, elle n'était pas directement concernée. Mohamad Tabeï, que cette attitude agaçait, se lança dans une démonstration. Oui, l'unité d'un peuple était inéluctable. Mais il fallait qu'un homme l'y appelle. Il cita le Coran : « Tel que vous serez, vos chefs seront. »

— C'est une façon de voir les choses, en effet, dit Evett.

— Et D. Day, c'est pour quand ? risqua Mohamad après une longue hésitation.

— Vous seriez bien surpris si je vous disais que moi-même je n'en connais pas la date. De Gaulle tempête contre notre lenteur, et il vient d'inspecter sa première division de Free French à Kastina. Un personnage, ce de Gaulle ! Il distribue des médailles de la Libération avant d'avoir libéré quoi que ce soit. Il voudrait que nous allions au combat sans préparatifs. Il s'imagine peut-être qu'on peut conquérir Damas avec douze soldats et un camion !

— Plutôt avec un haut-parleur, général. Il

compte sur l'effet psychologique de son arrivée. Après tout, il se peut que les hommes de Dentz, face à d'autres Français, refusent le combat et se rallient à lui.

— Mais quelle erreur ! On voit bien que vous êtes un civil ! On oppose le feu au feu. Laissez donc nos stations radio annoncer autant qu'elles veulent la défection de l'armée française du Levant. Et la fuite de Collet, ils en ont fait un roman-feuilleton. On gagne les guerres avec des canons, pas avec des haut-parleurs.

Tabeï le laissa développer d'interminables considérations sur les aspirations des Syriens à l'indépendance que venait d'encourager Anthony Eden et qui posaient un problème à de Gaulle autant qu'à Vichy. Il évoqua ensuite les innombrables difficultés que quelques « terroristes » à la tête brûlée, relayés par un mélange de sionistes, de syndicalistes et de boy-scouts, créaient à l'Empire britannique en Palestine et il semblait n'avoir aucun souci de l'heure.

Lorsqu'ils en furent au café, la salle s'était entièrement vidée. Le pianiste solitaire peinait sur un motif de Sidney Bechet. Tabeï crut le moment venu de prendre congé.

— Cette conversation était tout à fait passionnante, général, dit-il. Nous reparlerons... Je n'ai pas eu le temps de vous poser le tiers des questions que j'avais en tête, et c'est bien dommage.

— Dommage ? N'allons-nous pas nous retrouver ce soir même chez ce notable d'Abou Gosh, comment s'appelle-t-il déjà ?

— Cheikh Khaled, dit Amal, séraphique.

— C'est cela. Merci chère amie. Cheikh Khaled. La soirée sera certainement très animée, mais nous trouverons un coin tranquille pour parler de votre nation arabe.

Surpris, Tabeï ne releva pas l'ironie. Elle avait aussi décidé qu'ils ne passeraient pas la soirée seuls. Il la fixa, mais elle évita son regard en savourant son café à petites gorgées.

— Comment le trouves-tu, demanda-t-elle dès qu'il fut éloigné. Intelligent, n'est-ce pas ?

— Peut-être. En tout cas, ce n'est pas un admirateur des Arabes. Sauf des Druzes, bien sûr.

— Il peut m'aider à entrer au Caire. Sais-tu que ses subordonnés le surnomment Mad Jack. Il paraît qu'il est un peu fou, qu'il prend tous les risques d'un simple soldat. Et puis Mad Jack sonne mieux que Mad John ! Tu ne devineras jamais ce qu'il m'a demandé ?

Elle agita sa main droite, annulaire tendu.

— Il voudrait m'épouser !

— Oh, je te vois bien en femme de général britannique, quelque part au Kenya ou en Malaisie.

— Moque-toi de moi ! Il me suit partout et me bombarde de poèmes. Tiens, écoute le dernier !

Elle tira de son sac une feuille de calepin et lut :

I love the honey of your lips,
The bread and wine of your sweet smile.

— Du miel, du pain et du vin ! C'est sûrement de lui, observa Mohamad, caustique. Il a dû confondre sa déclaration d'amour avec sa commande à l'intendance ! Je me demande ce que pense Hassan de tout ça. Apparemment, tu es encore sa femme.

Elle eut un geste insouciant :

— Qu'il pense ce qu'il voudra !

Le notable d'Abou Gosh les attendait dans la nuit, campé devant son porche. Un énorme gardénia se balançait à sa boutonnière, et son impressionnant tarbouche lui donnait un aspect comique. Il se cassa en deux devant Amal, qui lui présenta son compagnon avec une grandiloquence ironique.

— Mohamad Tabeï, émir de la presse égyptienne et directeur de la *Dernière Heure* du Caire est venu spécialement d'Égypte pour assister à cette soirée.

— La grande Asmahane et l'émir de la presse du Caire chez moi, quel honneur ! Que votre bienveillance ne cesse pas !

La langue arabe n'avait pas assez de superlatifs pour exprimer l'admiration que lui inspiraient la voix de l'une et la célébrité de l'autre. Il se confondait en remerciements, en poussant vers ses invités un grand dadais emprunté, de la façon dont on fait avancer un âne rétif.

— Mon fils Hamdi. Retiens bien tout ce que l'émir aura la bonté de te dire. Surtout n'oublie rien, imbécile ! C'est une occasion unique de t'instruire.

Quand deux Bédouins eurent ouvert le portail en bois de palmier, une ovation s'éleva de la petite foule. On avait étalé des tapis au bas du perron et la cour débordait d'un public bariolé où, à première vue, dominaient les femmes, comme pour un mariage dans le Delta. Mohamad, qui détestait la multitude, eut un mouvement de recul et chercha du regard l'endroit où il pourrait le mieux s'isoler. Sur la véranda de bois étayée par de lourdes colonnes qui courait le long du premier étage, les spectateurs étaient peu nombreux. Il repéra un bosquet derrière lequel il parviendrait sans doute à trouver refuge.

— Il me semble avoir vu votre photo dans un journal. Ne seriez-vous pas son imprésario ? lui dit soudain une grosse dame qui mâchonnait du bétel.

— Comme cela doit être passionnant de vivre auprès d'Asmahane ! Elle est si belle !

De toute évidence, on le prenait pour le nouveau mari ou le nouvel amant de la vedette. Il tenta d'expliquer qu'il n'était qu'un journaliste égyptien de passage en Palestine et qu'Asmahane avait bien voulu l'admettre dans sa suite pour un soir.

— Allons donc, reprit la plus hardie. Vous êtes beaucoup trop modeste, cher Monsieur. Comme si nous ne savions pas ici que vous êtes l'émir de la presse du Caire !

Il protesta en vain. Le titre, même donné par plaisanterie, l'irritait. Quand il parvint à se dégager des deux bavardes, il se heurta, au bas de l'escalier de pierre, à un gros homme en costume blanc à l'accent libanais qui pérorait au centre d'un cercle déférent. Il expliquait que Jérusalem aurait un jour à jouer dans la région un rôle presque aussi important que celui de Beyrouth.

— Peut-être, mais il faudra d'abord que nous nous débarrassions des Anglais et des Juifs ! grommela un auditeur après avoir jeté un regard à la ronde pour s'assurer qu'aucun Britannique n'était à portée de voix.

Amal était entourée d'admirateurs. Il s'approcha du groupe et l'entendit proclamer à voix haute :

— Les communistes et les Juifs, c'est la peste et le choléra ! Comme les Anglais et les Français en Orient.

Heureusement, il n'y avait pas de Britannique dans le petit groupe. Elle disait toujours ce qu'elle pensait, sans se soucier des conséquences. Le mieux, dans ces cas-là, était de traiter ses propos en plaisanterie. Il intervint.

— Ce n'est pas tout à fait la même chose. Un Juif peut devenir communiste et un Anglais ne sera jamais français.

Les assistants rirent avant d'écouter le petit discours de bienvenue du maître de maison. Puis Amal monta sur l'estrade et se mit à chanter. La chaleur était étouffante. Mohamad enleva son veston, et s'installa sur une chaise, dans le recoin où l'on était presque invisible tout en ayant de la cour une vue d'ensemble. Comme sa voix lui avait manqué ! En mousseline blanche froncée à la taille par une ceinture à nœud anglais, Amal fendait la foule et chacun tentait de lui adresser la parole. Le grand dadais et son père faisaient de leur mieux pour rester dans son sillage. Mohamad eut conscience de leur ressembler : lui aussi avait peine à la suivre dans son existence agitée. Il se sentit épuisé, étendit les jambes sous la table et s'assoupit presque aussitôt.

Quand il se réveilla, avec l'impression d'avoir dormi quelques secondes, la cour était presque vide. Il se mit en quête d'Amal et, un homme vêtu d'une abaya noire lui ayant dit qu'elle était à l'étage, il gravit en hâte l'escalier. Devant l'une des pièces qui donnaient sur la terrasse et d'où provenait la musique, un petit groupe applaudissait. Il s'approcha. Sa grande taille lui permettait de ne rien perdre de la scène. Elle chantait en faisant le tour du salon, les bras tendus vers le ciel. Sous prétexte de repousser ses admirateurs les plus téméraires, elle se dégageait en donnant des coups de reins.

Un notable riait très fort, comme s'il assistait à une danse du ventre dans un mauvais lieu. Elle prenait plaisir à s'exhiber de cette façon. Elle lui parut aussi impudique qu'une chamelle en chaleur ! « Qu'elle aille au diable ! » pensa Mohamad. Elle passait, les épaules frémissantes, devant Evett qui, le visage figé, battait des mains en mesure comme ses voisins arabes. Quelqu'un tenta de prendre sa main au passage.

Soudain, elle s'arrêta. Puis, il y eut un flottement, comme si son corps indécis hésitait. Enfin, elle cambra les reins dans un spasme d'autant plus suggestif que sa poitrine et ses épaules restaient parfaitement immobiles. Son regard vert se posa sur Evett qui transpirait à grosses gouttes. Amal lui sourit, et leva l'avant-bras pour donner le signal des applaudissements.

Comment pouvait-elle se donner ainsi en pâture à ces crétins ?

Mohamad la fusillait du regard. Elle le vit, s'empara du micro et se mit à chanter *Mon amour viens à mon secours.* Maintenant, elle le fixait d'un air langoureux, comme si la chanson s'adressait à lui seul. Quelques femmes s'en aperçurent et le dévisagèrent avec un subit intérêt.

On le considérait, de toute évidence, comme l'amant attitré de la vedette. Oui, il était venu à son secours, mais il le regrettait presque.

La chanson lui parvenait par bribes : « Puisque ton cœur, et toi, mes yeux... le passé... tout contre moi... » Il s'éloigna et retourna dans la cour, si désemparé qu'une inconnue l'arrêta pour rectifier son nœud papillon avec un geste d'épouse. Au loin, il entendait la voix d'Amal, chargée d'une sensualité qui le faisait tressaillir. Elle fredonnait toujours, jadis, les premières notes de *Mon amour viens à mon secours* quand elle allait lui demander quelque chose. Cette chanson avait une histoire. Tous les journaux avaient raconté comment Asmahane avait risqué de se noyer, près de Stanley Bay, et avait été sauvée par un jeune Égyptien beau et pauvre. La chanson lui était dédiée. Mohamad fouilla dans ses souvenirs. Cela avait dû se passer en 1938. Il était alors en Europe, et à son retour au Caire, elle avait soutenu que cette histoire de sauvetage avait été inventée et qu'il ne s'était rien passé de tel. Était-il condamné à voler à son secours chaque fois qu'elle l'exigerait ? Il ne pouvait pas jouer éternellement un rôle ambigu. Il n'était ni Hassan ni Farid. Un jour, elle lui avait dit : « J'ai besoin de pleurer sur ton épaule. » Il avait prêté son épaule et, à la longue, la posture l'avait fatigué.

Il salua, en essayant d'être aimable, un ancien ministre de Fayçal qu'il connaissait depuis vingt ans. En levant les yeux, il vit Amal descendre le grand escalier, rayonnante, précédée de deux photographes qui la criblaient d'éclairs de magnésium. Il la laissa faire tout le chemin jusqu'à lui.

— Pourquoi es-tu parti ? lui dit-elle.

— Je n'aime pas la danse du ventre.

— Quel rabat-joie tu peux faire, mon pauvre Mohamad ! Sais-tu que, par moments, tu me fais penser à Fouad ? Il ne supporte pas, lui non plus, que je m'amuse.

Au fond, elle avait peut-être raison.

— Que je m'amuse ou non, reprit-elle, qu'est-ce que cela change entre nous ? Veux-tu me le dire ?

C'était précisément la question à laquelle il se sentait incapable de répondre.

— En tout cas, le spectacle est terminé. Fais donc avancer mon carrosse, émir de la presse égyptienne !

Autour d'eux, on riait, mais il ne se dérida pas. Elle s'accrocha à son bras dans le petit chemin sablonneux qui menait à leur voiture, vacilla sur ses hauts talons et, sous le regard de ceux qui venaient prendre congé, elle manqua de perdre l'équilibre. On devait la croire ivre.

— Fais un effort, lui glissa-t-il, exaspéré. Tiens-toi convenablement.

Il s'installa au volant en remâchant ses griefs. L'énervement le rendait maladroit et il évita de justesse un bidon au milieu de la route. Ne pouvant plus supporter son silence, il alluma la radio et chercha Haïfa. Le bulletin d'informations signalait que de nombreuses femmes arabes s'enrôlaient comme auxiliaires de l'armée britannique. Voilà ce qu'elle était, une auxiliaire de l'armée britannique, et la maîtresse d'un général ! Mi-agent secret, mi-putain ! Il était temps qu'elle rentrât au Caire.

Quand ils furent arrivés à l'hôtel, elle le suivit, silencieuse, jusqu'à sa chambre. Elle fit une dernière tentative pour le retenir, l'enlacer, voulant croire que si elle réussissait à l'avoir dans ses bras, il lui pardonnerait.

Elle l'implorait, maintenant ! Il la repoussa et, reculant d'un pas, elle le gifla à toute volée en sanglotant.

Trois semaines plus tard, en lisant la dépêche que lui tendait le planton de la *Dernière Heure*, Mohamad ne put s'empêcher de sourire. Amal promettait à son époux une vie conjugale heureuse et, surtout, sereine. Elle n'avait pas fait les choses à moitié.

Londres, 16 juillet 1941 (AFI). On apprend qu'a eu lieu à Damas, le 3 juillet, le mariage de l'émir Hassan al-Attrach, l'un des principaux dignitaires du djabal Druze, avec la princesse Amal al-Attrach, connue dans les milieux cinématographiques égyptiens sous le nom d'Asmahane. Peu avant la libération de Damas, les forces vichystes avaient contraint la princesse Amal à s'enfuir de Syrie à cheval et à passer en Palestine. Elle est rentrée à Damas pour y épouser son cousin Hassan, dont elle avait divorcé en 1939. La prin-

> cesse a déclaré à l'Agence Française Indépendante : « J'ai fait mes adieux à la vie artistique pour me consacrer à une vie conjugale heureuse et sereine, et me mettre au service de mon pays et de mon clan aux côtés de mon mari. C'est mon vœu le plus cher. »

Était-elle sincère en dictant ces lignes étonnantes ? Mohamad était porté à le croire. Mais sa sincérité était aussi fugitive que le bonheur et la sérénité qu'elle annonçait. Il n'avait pas été étonné qu'elle cédât à l'insistance de Hassan, pour qui elle avait toujours eu estime et affection. Tout avait joué dans ce sens : la lassitude d'être séparée de Camélia, l'attente du retour au Caire, peut-être même l'envie de redevenir princesse autrement que par courtoisie pour faire face à la haine vigilante de la reine Nazli. Il reposa la dépêche sur son bureau sans soupçonner que sa propre attitude avait peut-être, elle aussi, joué un rôle dans cette métamorphose.

Mary, en revanche, fut scandalisée par la nouvelle : comment Amal, après le récit qu'elle lui avait fait de sa vie passée dans le Djabal, avait-elle pu consentir à y retourner ? Cette volte-face la choquait. Freya, consultée, dut lui rappeler que la logique de l'Orient n'était pas celle de l'Occident. Il fallait plutôt s'étonner, lui dit-elle, qu'un Druze ait consenti à la reprendre pour épouse. En réalité, Hassan n'avait pas eu la partie facile. Il lui avait fallu s'expliquer devant le Conseil des Sages, tant sa décision était contraire aux traditions d'une communauté, où l'on ne revenait jamais sur sa parole. Il avait fait valoir, en tentant de s'en persuader, qu'Amal avait changé, qu'elle renonçait enfin à la vie qu'elle avait menée.

La réception nuptiale, offerte à l'hôtel *Al Chark*, fut d'un faste étonnant pour des secondes noces. Amal était à l'apogée de son éclat, de sa célébrité et, semblait-il, du bonheur. Hassan fut certain, au lendemain de leur première nuit, de l'avoir reconquise corps et âme. Moins imbu des valeurs d'une société où la jouissance féminine était ignorée sinon condamnée, il eût senti qu'elle lui prêtait son corps comme on paie une dette d'honneur ; sans rechigner, mais sans enthousiasme. Il croyait lui donner la plus haute des preuves d'amour en lui pardonnant d'être une artiste, ce manquement suprême à la loi du clan, mais il était trop profondément attaché aux traditions de son pays de rocaille pour admettre qu'une femme les trouvât odieuses.

Amal avait accepté de s'installer provisoirement à Soueïda, mais les mœurs druzes lui étaient plus insupportables que jamais. Elle savait que, dans l'esprit de son époux, il n'était plus question qu'elle chantât. Il ne prétendait pas la séquestrer, mais il ne lui permettait que des voyages d'agrément. Elle dut même lui expliquer qu'elle avait à doubler en anglais la bande sonore de son dernier film et que ne pas le faire reviendrait à sacrifier une somme énorme et à ruiner la production. Il fallut que le Dr Baida en personne vînt à Soueïda pour convaincre Hassan de la valeur de cet argument.

Le couple al-Attrach fit une entrée éclatante dans Damas libérée pour assister au défilé de la victoire. L'émir et l'amira, botte à botte, salués par les youyous des femmes, étaient entourés d'un escadron de cavalerie druze, fusil au poing. Ils prirent place dans la tribune d'honneur, surmontée d'un énorme dais pourpre à glands d'or qu'avait prêté pour l'occasion l'évêché syriaque. De Gaulle, mécontent des tractations des Druzes de Soueïda avec les Anglais, fit mine de ne pas les voir, mais le colonel et Anne Collet leur firent un accueil chaleureux. Le général Evett se montra plein de prévenance ; il ne semblait pas tenir rigueur à Amal d'avoir refusé le destin, qui lui convenait si peu, d'épouse d'un officier de Sa Majesté. Elle traduisit à Hassan ses félicitations ; mais elle passa sous silence les mots trop flatteurs. Il n'était pas nécessaire d'insister sur l'admiration éperdue qu'elle inspirait à Mad Jack.

Elle avait tenu sa promesse à Camélia et la retrouvait avec un bonheur encore plus grand que celui auquel elle s'attendait. Bien qu'elle ne se l'avouât pas, elle jouissait aussi de posséder, après tant de tribulations, une situation sociale considérable. De temps à autre, quand elle était loin des regards indiscrets, elle tirait de son sac, où il voisinait avec le petit Coran émaillé, le passeport diplomatique syrien qui lui donnait le droit de franchir, quand bon lui semblait, la frontière égyptienne. Elle était l'épouse du nouveau ministre de la Guerre du gouvernement de Damas. Ce titre impressionnait les Occidentaux, habitués à ce que la femme d'un haut personnage en partage les secrets et ait sur lui une influence discrète, semblable à celle que lady Lampson exerçait sur l'ambassadeur en Égypte, sir Miles, ou lady MacMichael sur le haut-commissaire en Palestine.

Une nouvelle occasion de quitter le Djabal lui fut offerte par le passage du général de Gaulle à Beyrouth. Le seul membre druze du gouvernement de Damas devait venir le saluer. Son absence eût été ressentie comme une offense par l'irascible chef de la France libre. Au terme d'une des petites guerres franco-britanniques qui accompagnaient la grande, les Anglais venaient de rétrocéder Soueïda aux Français libres. Le salon d'honneur de la Résidence des Pins offrait, en cette chaude soirée de juillet, un spectacle qui rappelait les plus belles heures de l'avant-guerre. Officiers en grand uniforme et femmes en robes du soir maintenaient la fiction d'une France demeurée une grande puissance, et continuaient en vertu du mandat de la Société des Nations, à administrer le pays des Cèdres. Au lendemain de son triomphe damascène et de son entrée en grande pompe à Beyrouth, de Gaulle entendait proclamer que la parenthèse était refermée et que la France reprenait enfin sa place au Liban.

Dans un angle de l'immense salon, le ministre résident britannique au Proche-Orient, sir Oliver Lyttelton, un quinquagénaire robuste à la petite moustache triangulaire et aux traits frustes, s'entretenait avec le colonel Collet du tour que prenait la guerre. Quand il lui arrivait de trébucher sur une expression française, Anne, mal à l'aise dans sa robe du soir fatiguée, lui servait d'interprète. Sir Oliver appréciait dans le chef des escadrons tcherkesses un gaulliste sans étroitesse d'esprit ni fanatisme, qui se désolait des divisions entre Français. Il n'oubliait pas les mots que Winston Churchill, quand il l'avait nommé à son poste, avait laissé tomber de sa bouche de gros bébé de Celluloïd : « Ne soyez pas intimidé par les émois et les vapeurs de notre ami le général de Gaulle. Restez en bons termes avec lui. Pas de brouille, j'y tiens absolument. Je sais, cela exige plus que de la patience : de la sainteté. Eh bien, soyez un saint ! Si nous avons une armée au Levant, c'est pour battre l'Allemagne et non pour y remplacer une catégorie de Frenchies par une autre ! » Sir Oliver goûtait les Français tels que Collet, avec qui il n'était pas nécessaire d'être un saint. Il n'était pas près d'oublier que son accord avec Catroux sur le sort de la Syrie et du Liban avait été dénoncé par le Général avant même que l'encre en eût séché.

De Gaulle accueillait ses hôtes à l'entrée de la grande pièce illuminée en leur accordant, selon leur importance, une poignée de main ou quelques instants d'entretien. Dans la file de ceux qui attendaient d'être présentés, Asmahane, dans son ample robe de taffetas anthracite, attirait tous les regards. L'homme qui lui donnait le bras n'était pas plus grand qu'elle. Il était blond et, dans son costume gris perle, avait moins l'air d'un émir druze que d'un bourgeois cossu d'Europe. Collet désigna le couple à sir Oliver.

— Vous connaissez certainement l'émir al-Attrach et son épouse, qui est à la scène la chanteuse Asmahane. Ce sont de vieux amis à nous.

Les dossiers étant bien tenus dans ses services du Caire, Lyttelton savait, à dix livres près, combien elle avait coûté au Trésor de sa Majesté.

— Oui, elle est vraiment adorable, ajouta Anne, ravie de pouvoir faire l'éloge de son ancienne protégée. Fillette, elle était aussi jolie, mais un peu peste ! Elle a bien changé à cet égard.

Prenant à témoin son mari, elle se lança dans le récit détaillé de leur rencontre de la fausse Bédouine et de son âne. Lyttelton se garda bien de lui dire qu'il en avait été informé le soir même. Grâce à Dieu, on pouvait compter sur l'Intelligence Service !

— Le prince et princesse al-Attrach, mon général, dit Catroux, plus sémillant que jamais.

De Gaulle plongea comme un cormoran affamé sur la petite main qui lui était tendue, puis se tourna vers l'émir pour lui faire la leçon.

— Je suis ravi de vous voir ici, Monsieur le ministre. Il était temps que les choses reprennent leur cours normal. Le drapeau anglais flottant sur la Maison de France de Soueïda ! Pourquoi pas sur la Résidence des Pins ?

L'émir, ne comprenant pas un mot de français, se tourna vers Amal, qui lui traduisit la mercuriale en termes plus aimables. Le Général la regardait avec un intérêt évident.

— On m'a vanté votre talent, Madame. On dit que vous chantez admirablement.

— Je chante, en effet, ou plutôt je chantais, répondit-elle, mais le temps n'est plus aux chansons. Les gens ont tant d'autres soucis !

— Et lesquels, s'il vous plaît ?

Elle lui sourit. Encore un homme qui n'aimait pas que les femmes parlent de choses sérieuses !

— Le prix du blé, par exemple.

— La guerre entraîne toujours ce genre de problèmes. Il faut expliquer cela à vos compatriotes.

— C'est malheureusement impossible.

— Impossible ? Et pourquoi donc ?

— Parce que, comme l'a écrit La Fontaine, « ventre affamé n'a point d'oreilles ».

Le sourire était enjôleur, mais le ton impertinent et les yeux verts fixaient les imposantes oreilles du général d'où jaillissaient deux touffes de poils rebelles. Non, elle ne se laisserait pas intimider par cet interminable personnage aux cheveux plaqués qui se prenait pour le roi de France ! Pour sa part, il n'était pas mécontent qu'elle lui tînt tête et appréciait la diction de la belle insolente. Les congrégations avaient fait du bon travail au Levant pour y ancrer le français, et c'était l'essentiel ! Quant à l'avis d'une chanteuse arabe sur le problème du blé, il s'en souciait comme de son premier uniforme ! Elle avait des yeux superbes, de jolis seins que mettait en valeur sa robe et elle connaissait ses classiques. C'était plus qu'on ne pouvait raisonnablement demander à une femme. Laissant la longue file des invités piétiner derrière elle, il prolongea la conversation.

— Je vois avec plaisir que vous connaissez vos fables.

— Je les ai apprises chez les religieuses. La fourmi nous mettait en garde contre le gaspillage et le héron au long bec contre la prétention...

Hassan, n'y comprenant goutte, s'efforçait de dissimuler son impatience. Il ne s'aperçut pas que le général détaillait son épouse d'un œil égrillard, regrettant l'époque où il pouvait encore penser à la bagatelle.

— Eh bien Catroux, dit-il, quand le couple se fut éloigné, on ne s'ennuie pas à Beyrouth, à ce que je vois ?

— Oh, mon général, qu'allez-vous imaginer là ? se récria le nouveau haut-commissaire. Avec tout le travail que j'ai sur les bras !

— En tout cas, votre princesse-chanteuse a raison. Le blé est le problème numéro un en ce moment. Mais je ne veux pas de ce foutu Office du blé des Anglais, nom de Dieu ! Il serait vite contrôlé par ces fricoteurs de Syriens ! Il faut être plus ferme avec Spears !

— Je ne le ménage pas, mon général.

— Rentrez-lui dedans, Catroux, rentrez-lui dedans ! explosa de Gaulle, effrayant les invités les plus proches. Je me suis plaint de lui à Churchill l'autre jour, et il n'a trouvé à me répondre que : « C'est mon ami ! » Eh bien, ce n'est pas le nôtre !

Apaisé par sa sortie, il tendit aimablement la main à un gros Libanais à tarbouche qui s'approchait avec prudence.

— Ravi de vous voir, Monsieur le ministre.

Sir Edward Spears portait le moins possible l'uniforme de major général que lui avait valu l'avancement éclair octroyé par Churchill pour renforcer sa position dans sa mission orientale. Il était, avant toute chose, un civil, un diplomate et un politique qui avait renoncé à son siège de parlementaire à Londres pour agir sur les grands événements de façon plus directe. Il traversait la guerre comme une garden-party, avec un mot aimable pour chacun. Il irritait les gaullistes par la francolâtrie ostentatoire qui accompagnait ses refus. Il parlait, en effet, admirablement français, citait à tout propos Ronsard auquel, étudiant, il avait consacré sa thèse, se piquait de connaître l'argot parisien, mais ne manquait aucune occasion d'égratigner les seuls citoyens qu'il eût sous la main d'un pays dont il considérait la défaite comme l'infidélité d'une maîtresse trop aimée.

Sur un signe discret de Catroux, Spears le rejoignit dans un bureau du premier étage où parvenait, assourdi, le bruit de la fête. Il contempla son verre de whisky et l'agita légèrement comme s'il n'était pas satisfait de la position respective des deux cubes de glace.

— Alors, votre patron doit être content ? Le jour de gloire est arrivé, dit-il, sarcastique.

— Il est furieux. Il faut dire qu'à Soueïda, votre Wilson a été incroyable. Un peu plus, et il faisait ouvrir le feu sur Monclar, alors que nous ne faisions que rentrer dans nos meubles ! Et voilà qu'à peine l'affaire druze réglée, vous revenez à la charge avec l'Office du blé. Ce n'est pas une bonne idée, je vous l'ai dit cent fois. Mais, cher ami, l'obstination est la principale qualité — et le plus grand défaut — de vos compatriotes ! Un office du blé, confié aux Syriens, tous des margoulins, fera plus de mal que de bien. C'est comme votre demande d'élections en Syrie et au Liban. Ce n'est vraiment pas le moment de nous encombrer, en pleine guerre, de deux pseudo-gouvernements qui vont faire de la surenchère.

— Mais enfin, vous leur avez promis solennellement l'indépendance quand nous sommes entrés en Syrie ! De Gaulle a refusé que nous garantissions cette promesse. Je commence à comprendre pourquoi.

— La parole de la France n'a pas à être garantie par une puissance étrangère.

— Voyons, cher ami, la Grande-Bretagne est tout sauf une puissance étrangère. Nous sommes entre nous. Laissez cette expression au Général. Il nous prête toutes sortes de machinations. La perfide Albion ! Ah, il ne s'arrange pas. Il me fait de plus en plus penser à une prima donna qui aurait des cors aux pieds !

Catroux ne put s'empêcher de sourire. Il était si souvent malmené par de Gaulle qu'en dépit de son admiration et de sa loyauté, il lui arrivait de se souvenir qu'il avait trois étoiles de plus que lui sur ses manches. Parfois, il avait l'impression d'être redevenu sous-lieutenant.

— Je vais vous le dire, moi, ce qu'est votre politique ici ! poursuivit Spears, très en verve. C'était celle de ma concierge quand j'habitais Paris.

— De votre concierge ?

— Oui, de ma concierge. Elle était anglophobe, elle aussi, et ne pouvait pas me sentir. Mais comme elle n'était pas propriétaire de l'immeuble, elle ne pouvait pas non plus nous foutre dehors. Alors, elle cherchait à m'embêter par tous les moyens et...

— Qui cherche ici à vous embêter ? Nous sommes des alliés loyaux de la Grande-Bretagne. J'espère que vous n'en doutez pas.

— Laissez-moi donc finir ma phrase, by Jove ! Donc, toutes les fois que je rentrais après minuit, c'est-à-dire à peu près toutes les nuits, elle me laissait carillonner pendant un quart d'heure avant de tirer le cordon. Elle faisait semblant d'être sourde. Comme de Gaulle au Levant.

— Maintenant, vous comparez le Général à une concierge ! Une prima donna, une concierge... Ma parole, par moments j'ai l'impression que vous préféreriez avoir affaire à Dentz ! C'est peut-être pour cela que vous l'avez laissé rembarquer avec les honneurs !

Spears ne tenait pas à s'engager sur ce terrain miné. Après la défaite de Dentz, les Anglais s'étaient montrés un peu trop aimables à l'égard du vaincu. Il avait été soumis à deux jours de prétendu internement en Palestine. On l'avait autorisé à visiter Jérusalem en civil, puis il avait pu regagner la Syrie, rallier ses troupes, les soustraire à la « propagande gaulliste » et les rembarquer presque intactes pour la France à grand renfort de *Marseillaise* jouée sur le quai par des fanfares britanniques. Il était lui-même parti, la tête haute, vers un accueil triomphal à Marseille. Les gaullistes ne décoléraient pas et Spears ne pouvait leur donner tout à fait tort.

— Loin de moi l'idée, dit-il conciliant, de comparer le Général à une... comment dites-vous déjà en argot, une... pipeuse ?

— Oh, surtout n'utilisez jamais ce mot en public, cher ami. En argot, on dit une pipelette. Ou si vous préférez, une bignole.

— Une bignole ! Je croyais que c'était une voiture.

— Non. Une voiture est une bagnole. B.A.

— Je m'en souviendrai. J'adore votre argot. Il est beaucoup plus riche que le cockney ou le slang de chez nous.

— De Ronsard au langage de la pègre, vous connaissez notre langue à la perfection. Vous pourriez l'enseigner à Oxford ou à Cambridge.

Catroux se garda bien d'ajouter que, pour sa part, il eût préféré voir Spears en toge et bonnet carré de professeur ! Les deux hommes n'étaient pas seulement opposés par la politique. Leurs épouses se livraient, dans l'ombre, une guérilla acharnée. Lady Spears, autoritaire personne à la chevelure séparée par une raie d'une parfaite rectitude, dirigeait une grande unité d'ambulancières, plus connues sous le nom de « spearettes » dans tout le Levant, et elle prétendait annexer l'unité hospitalière de l'élégante Mme Catroux — à qui ses chats siamois avaient valu le sobriquet de « Mad Cat ». Ces dames se recevaient, mais ne pouvaient pas se souffrir.

— Hélas, je ne suis pas professeur, dit Spears. J'ai, à mon vif regret, une petite réclamation à vous présenter. Elle concerne le djabal Druze.

— Mais voyons, cher ami, l'affaire est réglée. La présence de l'émir Hassan et de son épouse à la réception l'a bien montré.

— Une bien jolie femme !

— Dieu merci, vous nous avez rendu la Maison de France à Soueïda.

— Certes, mais vous y avez installé vos Sénégalais. Les Australiens que nous avons là-bas sont obligés de coucher à la belle étoile. Ils apprécient modérément.

Catroux soupira. Il connaissait d'avance la réaction du Général : « Les nègres de la France valent mieux que les descendants de bagnards de l'Angleterre ! » Mais comment traduire cela en termes diplomatiques ? Il se surprit à regretter son poste de gouverneur de l'Indochine. Avec les Chinois et, même, face aux Japonais, la négociation était infiniment plus facile !

Amal passa encore quelques jours à Beyrouth pour faire ses emplettes de fin d'année, puis elle gagna Jérusalem pour y enregistrer son dernier succès, *Les nuits de Vienne ont un souffle de paradis.* Elle ne pouvait plus supporter le pays Druze et pleura des nuits entières à la pensée qu'elle allait manquer de parole à Camélia. Elle remettait de semaine en semaine son retour, et menait à Jérusalem une vie de plus en plus agitée.

Un matin, elle trouva à la réception du King David une grande enveloppe au dos de laquelle elle lut le nom de l'expéditeur, calligraphié avec une sorte de préciosité : Hassan al-Attrach. Jamais son mari ne lui avait envoyé une lettre par la poste. Quand il avait quelque chose à lui faire savoir, il usait d'un messager. Décontenancée, elle fourra la lettre dans son sac : elle la lirait plus tard. De toute façon, il ne pouvait pas s'agir d'une mauvaise nouvelle. Elle déchira l'enveloppe dans la soirée. La longue missive était un étrange mélange de dernière sommation et de lettre d'amour. Hassan semblait avoir compris, quelque temps après elle, que leur nouveau mariage était fondé sur un double leurre. Elle ne lui répondit pas.

Au Caire, Mary avait des échos de la vie que menait Amal par Freya Stark, qui se rendait souvent à Jérusalem et était une grande amie du haut-commissaire en Palestine, sir Harold MacMichael. Que celui-ci n'ait jamais osé inviter à sa table l'épouse d'un émir druze, de surcroît ministre syrien, alors qu'elle avait rendu service à la Grande-Bretagne, en disait long sur la situation réelle d'Amal. Sir Harold et lady MacMichael, très à cheval sur les convenances, menaient une vie sage dans leur charmant « Government House », vaste propriété cernée de champs de lavande, et les mauvaises langues assuraient que le représentant de Sa Majesté y élevait des lapins et des poulets. En tout cas, il ne souhaitait pas donner à ses deux filles, Aminta et Priscilla, la compagnie d'une princesse de moralité douteuse.

Mohamad n'avait pas remis les pieds à Jérusalem depuis trois mois. Une fois seulement, il télégraphia à Amal pour la remercier d'un cadeau qu'elle lui avait fait parvenir par des amis communs : un couple de tourterelles. Il se demanda si ce choix était une de ses lubies ou un trait d'ironie. Dans ce dernier cas, à qui pensait-elle ? Au couple étrange qu'ils formaient tous les deux depuis si longtemps, et qui n'en finissait pas de se disloquer, ou à celui qu'elle avait promis à Hassan, en prenant à témoin l'Agence France-Presse, de rendre à jamais serein et heureux ? Il mourait d'envie d'avoir des nouvelles de première main, et il fut ravi quand Mary lui dit qu'elle allait faire une halte de quelques jours à Jérusalem avant de se rendre à Pétra où elle était invitée par des archéologues.

A mesure que l'on s'approchait de Tel-Aviv, l'Orient cédait la place à une Europe vaguement septentrionale, Rotterdam ou Brême : quelques avenues trop larges et mal pavées bordées de bâtisses bien alignées.

— Tiens, on pourrait planter le poteau ici : la civilisation commence à ce trottoir.

— Que c'est laid ! s'exclama Mary.

— Moi je me sens mieux dès que je mets les pieds à Tel-Aviv. Ici, le climat et même les vents sont différents. Ce que j'aime le plus ici c'est la netteté, c'est la jeunesse !

Amal montra du doigt un groupe plongé dans une discussion animée.

— Ici, les hommes et les maisons sont jeunes.

On se demande où sont passés les vieux. Regarde ces robes de toile, ces pantalons blancs comme à la plage, ces cheveux au vent. On dirait que tout le monde a vingt ans.

Djaafar grogna sous sa casquette. Il avait laissé sa famille au Caire pour accompagner sa maîtresse mais il détestait la Palestine. Il ralentit à contrecœur. Amal releva la vitre de la Silver Cloud et chercha dans son sac le papier sur lequel elle avait inscrit la liste de ses achats de la journée. A Tel-Aviv, les immigrants de Russie et de Pologne vendaient à des prix avantageux les fourrures qu'ils avaient pu emporter.

— Mais voyons, Amal, des fourrures, pour quoi faire ? Les hivers sont si doux au Caire ! s'écria Mary.

Elle était irritée d'avoir dû sacrifier une conférence à l'école Biblique pour aller faire des emplettes toutes affaires cessantes. Les priorités d'Amal n'étaient pas les siennes ; elle le savait. Mais à la réflexion, la fourrure n'avait pas pour fonction de protéger du froid. Au cinéma, on en portait bien en Californie ou en Floride.

Amal sortit de son sac une épaisse liasse de livres sterling.

— Tu régleras pour moi, s'il te plaît. Surtout, ne discute pas les prix !

Quand elles entrèrent dans l'échoppe vide de clients, une vieille baba russe emmitouflée dans ses châles noirs les salua d'une formule incompréhensible et une jeune femme délurée coiffée à la garçonne se mit en devoir d'étaler la marchandise sur une immense table de bois blanc. Amal caressait les fourrures lustrées. Elle eut un cri ravi.

— Tiens, essaie celui-ci !

Elle avait lancé le manteau si brutalement sur ses épaules que Mary fit un pas en arrière.

— Avec ça tu peux aller aux réceptions des MacMichael !

Mary se vit soudain dans la haute glace qui couvrait l'une des parois de la pièce. Le manteau était somptueux. Il fallait seulement le raccourcir. Mais il était beaucoup trop coûteux !

— Tu es folle ! Il n'en est pas question !

— Bien sûr que je suis folle ! Laisse-moi acheter ce dont j'ai envie. Tourne-toi, laisse voir... Bon, le dos est parfait. Continuons.

En voyant Amal choisir ce qui lui plaisait, Mary se demandait comment refuser. Ce cadeau l'humiliait. Où avait-on jamais vu une professeur d'université britannique exhiber un chinchilla ? Elle murmura :

— Tu sais, c'est impoli de me faire sentir que je suis beaucoup plus pauvre que toi.

— Le manteau va très bien à votre amie, dit la vieille Russe qui craignait de manquer la vente. C'est exactement ce qu'il faut à une blonde.

— Mettez tout ici. Le chauffeur va venir. Mary, règle s'il te plaît. Et souviens-toi de ce que je t'ai dit.

— Deux mille livres, fit la vieille, s'apprêtant au duel du marchandage.

Mary compta les billets. La jeune vendeuse s'était approchée, ébahie. Pour la première fois, une cliente payait le prix demandé.

Quand Djaafar eut chargé les fourrures et redémarré, Mary ne put se contenir. Elle savait qu'il était inutile de faire des reproches à Amal, mais son culte de la mesure était le plus fort.

— A ce rythme-là, comment vas-tu t'en tirer ? Tu m'as dit toi-même qu'il fut un temps, au Caire, où tu devais, après le spectacle, emprunter l'argent du taxi. Si tu continues, tu en seras bientôt là !

— Pourquoi ? dit Amal, insouciante. Je n'ai pas besoin de prendre des taxis puisque j'ai ma Rolls maintenant !

— Calculons un peu. Combien as-tu dépensé ces derniers mois ?

Elle regarda Mary avec étonnement. Elle ne s'était jamais posé la question.

— Tu veux vraiment le savoir ? Drôle d'idée. D'accord, mais c'est toi qui feras l'addition.

Elle tira de son sac un portemine et un paquet de Camel qu'elle dépouilla de son étui transparent.

— Fais le compte toi-même. J'ai horreur de ça.

Mary répétait les chiffres avant de les tracer sur le chameau ocre, puis annonça sur un ton consterné.

— Quatorze mille livres.

— C'est amusant ! C'est juste ce que j'avais. Il ne me reste rien.

— Rien du tout ? Enfin, te rends-tu compte ? Quatorze mille livres en trois mois ! C'est Hassan qui t'assure ce train de vie ?

Amal préféra changer de sujet.

— Qu'est-ce que tu vas faire exactement à Pétra ?

— Je dois retrouver une équipe qui fouille le site. Une question de tablettes à élucider...

— N'oublie pas d'être de retour pour notre dîner. Je vais retenir la table quatre. Je me sens capable de défier le destin !

Il n'y avait plus une place libre autour de la table de jeu du King David. Amal, en fourreau noir, donna dix livres à un membre du personnel pour qu'il aille lui chercher une chaise. Hassanein lui avait appris au Caire la première des règles d'or de la roulette : se ménager un siège confortable. Beaucoup de joueurs perdaient sans même s'en rendre compte parce que, las d'être debout, ils expédiaient leurs mises.

Elle avait décidé de regagner les quatorze mille livres dont la disparition inquiétait tant Mary, à partir de mille livres empruntées à Moussa Freige, un notable libanais qui n'avait rien à lui refuser. Le quatre était de rigueur puisque c'était le chiffre fatidique révélé par la voyante de Kuneitra. « Quatre, noir pair et manque ! » Le glissement du râteau sur le tapis vert et le léger claquement de son heurt contre les jetons furent couverts par la voix du croupier répétant, avec un rien d'incrédulité, en dépit de l'habitude, la mise d'Amal : « Finales quatre par cinq louis, la première douzaine par cinq mille, chevaux, sizains, première colonne, transversale, plein, carrés. » Près d'elle, elle entendit murmurer un admiratif « the bitch ! ».

Un homme aux larges épaules la regardait en souriant rassembler sur le tapis une brassée de jetons.

— Alors, Amal, on fait sauter la banque ?

Elle sursauta. Depuis un moment, elle était tout entière au jeu.

— Ahmad Salem ! Le prince des producteurs ! Si je m'attendais à te voir ici ! Que viens-tu faire à Jérusalem ? Aux dernières nouvelles, tu supervisais le montage de ton film au Caire...

Elle s'interrompit. Elle venait d'apercevoir Hassan qui, suivi de Fouad, pénétrait dans la salle de jeux. L'émir marchait du pas lent et cérémonieux qu'il avait adopté pour compenser, face aux vieillards enturbannés de son clan, ses cheveux blonds et ses traits juvéniles. En apercevant son épouse, il marqua un léger temps d'arrêt. Amal poursuivait la partie comme si les arrivants lui étaient étrangers. Il fit un signe à un serveur, lui glissa un billet dans la main et lui dit quelques mots. L'homme s'approcha de la table et lui chuchota le message. Elle l'écarta d'un geste sans cesser de jouer. Ses voisins semblaient prendre conscience que quelque chose d'inhabituel se produisait.

Fouad, rouge de fureur, laissa échapper une injure.

— Tais-toi ! Cette affaire me concerne seul, lui glissa Hassan sur un ton sans réplique.

Amal se leva et se dirigea vers son mari. Il lui adressa l'antique salutation druze : *Allah yerham bayick oua emmik !* Que Dieu soit miséricordieux envers ton père et ta mère.

— J'ai reçu ta lettre, répondit-elle. Tu n'y parlais pas de ta venue à Jérusalem. Ce n'est pas l'endroit qui convient pour parler de ce genre de choses.

— Je viens là où je sais te trouver et je t'ai écrit tout ce que tu devais savoir. Les bruits qui courent à nouveau sur toi me sont insupportables. Tu ne peux faire taire les calomniateurs qu'en rentrant chez nous. Il n'est pas possible que tu restes ici un jour de plus.

Elle se tourna vers le croupier en lui désignant Ahmad Salem.

— Monsieur continuera ma partie.

Le frêle et tenace espoir qu'elle voyait briller dans les yeux de Hassan l'accablait, mais il avait raison, il était grand temps d'en finir.

— Je ne peux pas vivre dans le Djabal. Tu le sais bien. J'ai essayé. Je n'y parviendrai jamais.

Hassan la regarda.

— C'est ton dernier mot ?

— Oui.

D'un geste, il fit venir un employé, lui réclama de quoi écrire, puis s'installa à une table de black-jack vacante et, posément, traça sur la feuille de papier à en-tête du casino une dizaine de lignes. Puis il pria deux joueurs d'âge rassis, avec les longues formules de politesse qui s'imposaient, de bien vouloir signer l'acte en qualité de témoins.

— C'est vraiment ce que tu désires ? Tu ne regretteras rien ? demanda-t-il, comme par acquit de conscience.

Elle se borna à incliner la tête.

Il lui tendit la feuille et tourna les talons. Fouad sembla hésiter un instant, décocha à sa sœur un regard meurtrier, puis se décida à le suivre. Amal se sentait immensément soulagée et sur le point d'éclater en sanglots. Depuis des mois, elle rêvait de l'instant où sa liberté lui serait rendue. Elle n'avait pas prévu qu'il serait aussi douloureux.

La fresque murale offrait, sur fond bleu clair, un résumé de toutes les merveilles archéologiques du Levant, de Doura Europos à Sainte-Catherine, en passant par Palmyre et Jerash. A la table quatre, un lieutenant de la RAF courtisait une auxiliaire de la Royal Navy. C'était bien pourtant la table qu'Amal avait promis de réserver. Mary hésita et décida de l'attendre au bar.

Elle arrivait tout droit de Pétra, recrue d'archéologie nabatéenne et d'austérité universitaire, et ce dîner tombait à point nommé. Des oiseaux turquoise et jaune voletaient dans une cage en cuivre dont les barreaux étaient entourés de houx. Noël était déjà là. En prêtant l'oreille à leurs trilles, elle entendit, au milieu des rires, prononcer le nom d'Asmahane à une table voisine. Un peu honteuse, elle écouta.

— Ce n'est pas une cliente de tout repos.

– Pour une femme comme elle, le djabal Druze ne doit pas toujours être folichon.

– En dehors des enregistrements, elle s'amuse aussi. Heureusement qu'elle est là au casino pour mettre un peu d'animation !

– Un croupier m'a raconté tout ce qui s'était passé, disait une voix commune d'homme. Après la scène, elle a fait une nouba de tous les diables avec des officiers et on ne l'a plus revue. Sûr qu'elle cuve son champagne ! Son émir ne l'épousera pas trois fois.

– Jamais deux sans trois, dit une femme.

Mary sentit le sang lui affluer au visage. Elle bondit vers le hall, trépigna d'impatience devant l'ascenseur, et se précipita vers la suite.

– Amal chérie ?... c'est moi Mary.

Mary frappa à la porte, tendit l'oreille, pas de bruit. Ce qui ne prouvait absolument pas qu'Amal n'était pas là. Elle pouvait être sortie pour rentrer bientôt, ou être en train de l'écouter tranquillement. Mary l'imagina sur le lit, les jambes ramenées contre sa poitrine. Elle tourna la poignée. La porte s'ouvrit.

– Amal, tu es là ? Amal ?

Mary referma la porte derrière elle, alluma la lampe, se dit que sa suite ressemblait aux autres endroits qu'elle avait habités. Elle vit un nœud papillon par terre au milieu de cacahuètes. Il y avait des bouteilles de champagne, une boîte de jus d'ananas, quelques verres, des assiettes, des cendriers remplis de mégots, une des portes de l'armoire à moitié ouverte. Elle eut l'impression que quelqu'un de pressé venait de partir.

Elle alla droit à la table de chevet pour vérifier elle ne savait trop quoi. Elle tomba sur un revolver. La présence de cette arme ne l'étonna pas. Elle la saisit, la soupesa. Elle était lourde, malgré son canon court. Mais Amal pouvait-elle vraiment s'en servir ? Et contre qui ?

Dans la salle de bains, Mary, soudain, crut voir dans la baignoire, derrière le rideau en plastique, le corps inerte d'une femme. « Mon Dieu ! » Elle tira violemment sur le rideau et, bien sûr, il n'y avait personne. Son cœur battait violemment. Puis, peut-être avec un peu de culpabilité, Mary inspecta l'armoire à pharmacie. Il y avait une boîte de somnifères, de l'aspirine. Amal se nourrissait d'aspirine. Un flacon bleu, comme ceux que l'on trouve dans les drugstores anglais, contenait de minuscules pilules blanches : du Maxiton. Mary lui avait déjà demandé si ce produit créait une accoutumance, et Amal avait répondu par ce rire sec que son amie avait fini par redouter.

Mary retourna dans la chambre à coucher. Au fond, dans un renfoncement, sur une commode nacrée, il y avait un livre ouvert sur la tranche, un bloc-notes, un stylo, *la Syrie-l'Orient* plié en quatre sur la rubrique « Ici Hollywood » et une énorme cafetière en cuivre travaillé ! Un des innombrables achats impulsifs d'Amal, se dit Mary. Elle prit le livre ; il était lourd. C'était un manuel d'astronomie : *les Étoiles*. Sur la première page, une dédicace de John Evett. Mary lut un passage qu'Amal avait souligné : « La mort d'une étoile est un événement brutal et violent. »

Une enveloppe kraft à moitié ouverte attira son attention. Elle fit tomber certaines photos, se baissa pour les ramasser : des photos de la reine mère prises au petit bonheur, de sorte que la plupart avaient quelque chose de flou. Des dos, des nuques, des cous, un grand officier baraqué l'enlaçait, riant bouche ouverte, dans une attitude espièglement exhibitionniste.

Mary se dit : « Un de ces types est l'amant de la reine mère, et qu'est-ce qu'Amal peut bien vouloir en faire ? Serait-elle capable de la faire chanter ? » Les autres photos avaient moins d'intérêt. Des photos d'Amal âgée de quatre ou cinq ans assise sur un bloc de pierre, Camélia, minuscule paquet sur le dos d'un chameau devant les pyramides.

Mary fut gênée en prenant le bloc-notes, mais ne put s'empêcher de lire :

> Je ne peux plus quitter Jérusalem pour des raisons que tu peux soupçonner. Je vis une vie d'ermite au K.D. au bout d'un couloir sombre. Je hais cette immense bâtisse jaunâtre pleine d'intrigues et d'officiers anglais qui m'accablent de leurs glaïeuls. Je ne peux plus supporter cette

> solitude. Ma suite est lugubre avec des rideaux gris doublés de satin sale.
>
> Depuis trois jours, j'ai quarante de fièvre. Mary, que tu as eu la gentillesse de m'envoyer, se lève au milieu de la nuit pour me masser ! Quand je lève la tête, je sais que ses yeux me fixent ; elle me propose un oreiller. Si je tousse, elle me dit : « Tu as parlé ? Tu veux quelque chose ? » Son dévouement m'est insupportable. J'ai envie de la tuer. Pour qu'elle détourne de moi ce regard à tout jamais. Peut-être parce qu'elle est là, près de moi, souriante, là où tu devrais être. Je t'envoie télégramme sur télégramme, je te supplie mais je sais que tu me l'as envoyée pour te donner bonne conscience. Je te pardonnerai. Viens.

Mary préféra prendre les escaliers avec calme d'abord, puis, à mi-parcours, se rua furieusement au bar comme une enfant au cœur brisé, bouillant d'incrédulité et de rage, et c'est seulement en arrivant dans le hall qu'elle s'arrêta, le sang lui battant aux oreilles. « Je ne peux pas partir comme ça. » Elle fit donc volte-face et remonta l'escalier. Amal n'était toujours pas là. Elle prit son mal en patience, s'installa dans un fauteuil. Elle finira par arriver, se dit-elle.

Une musique ponctuée d'épouvantables cuivres parvenait jusqu'à la suite. Les forces polonaises donnaient ce soir-là un concert.

Amal apparut enfin. Elle empestait le whisky. Face à Mary, elle dit avec gêne :

— Mais enfin, que se passe-t-il ? Tu es malade ?

— Mettons les choses au clair, Amal, dit Mary. Qu'est-ce que c'est que cette lettre ?

Amal regarda fixement Mary, comme si elle ne l'avait jamais vue.

— Il y a des choses impossibles à croire car aucun mot ne peut en rendre compte. J'aurais dû te le dire... que ton amitié... Je voulais le faire..., dit-elle, s'accrochant d'une main à son épaule. J'avais besoin de le dire. Et depuis un bout de temps, ma vie est asphyxiante... Hassan est venu.

— Et alors ?

— Ma vie est en danger. Il m'a répudiée.

— Qu'est-ce que j'en ai à foutre que tu sois répudiée ! Ce n'est pas mon affaire ! Ce que je vois, c'est que tu m'utilises au gré de tes caprices.

Devant l'écœurement de Mary, Amal se mit à pleurer. Mary avait assisté trop souvent à cette transformation, la plus rusée, la plus cruelle des stratégies d'Amal.

Elle lui renvoyait, réduit à une caricature, ce que Mary avait pris pour de l'amour.

— Je suis là à sa place, tu dis ! Très bien, je m'en vais immédiatement. Tu auras le champ libre pour l'attendre, ainsi que les tueurs druzes. Qu'est-ce que j'en ai à foutre que ta vie soit en danger !

Mary se leva, erra dans la suite. Amal la suivait, désespérée, du salon à la salle de bains, de la salle de bains à la chambre à coucher. Elle la supplia de rester. Elle lui avoua qu'elle était certaine que Mohamad allait ignorer la lettre qu'elle lui enverrait de toute façon. Elle la menaça de se tuer si elle la laissait seule à Jérusalem. Puis, elle se leva sans mot dire, céda son lit à Mary et alla s'étendre à côté sur le sofa du salon.

Le couperet de lumière qui s'abattait sur Mary à travers les rideaux mal fermés la réveilla quelques heures plus tard. Elle avait l'impression d'avoir été rouée de coups sans avoir pu trouver le moindre endroit où s'allonger. Assise à son chevet, Amal était presque aussi fatiguée. Mais Amal aimait cette fatigue. Quant à Mary, elle savait qu'elle continuerait à tout accepter d'Amal. Cependant, elle lui dit qu'il était nécessaire de marquer une pause dans leur relation. Un mois de repos dans une station thermale au climat salubre s'imposait.

Amal ne protesta pas. Elle alla s'asseoir devant sa coiffeuse. Mary attendait sa réponse.

Elle se regardait dans la glace à trois pans : cheveux ternes, visage triste. Elle modifia un moment son image en déplaçant les deux miroirs latéraux. C'était devenu une habitude, un tic nerveux. Elle s'apprêtait à se faire une mise en plis et se garda bien de demander à Mary de l'aider.

La réception fut pour Amal une revanche. Sir Harold et lady MacMichael se montrèrent plus que courtois. Le haut-commissaire lui offrit même son bras pour aller admirer le sapin géant. Freya Stark partagea avec elle ses crackers en citant un proverbe druze. Lord Haig s'institua son cavalier. En voyant danser son amie, Mary fut frappée par sa pâleur. De temps à autre, elle riait très fort, des mèches dans les yeux. Une fois de plus, elle forçait la note.

Moins d'un mois plus tard, Amal retourna au Caire. N'étant plus l'épouse de l'émir, elle désespérait d'être autorisée à y séjourner, mais un concours de circonstances joua en sa faveur. Sir Harold pouvait enfin, après l'avoir si aimablement reçue, se débarrasser de l'aventurière qui détournait ses officiers de leur service. Hassan trouvait Jérusalem un peu trop proche du pays Druze. Enfin et surtout, la reine Nazli, croyant avoir définitivement barre sur Hassanein, ignorait son ancienne rivale.

Amal s'installa d'abord au Mena House, recréa dans sa suite l'indescriptible désordre du King David et passa ses nuits à fumer et à boire, en compagnie d'une bande de fils de famille noceurs et de pique-assiettes, devant les pyramides illuminées. Elle distribuait à la ronde l'argent qu'elle avait regagné au jeu et que Ahmad Salem lui avait fidèlement remis. Elle alla jusqu'à faire cadeau de cinq cents livres à Pulli bey, le valet de Farouk, qui lui avait raconté avec sa faconde napolitaine que sa sœur allait se marier et n'avait pas un sou vaillant. Elle faisait son travail au studio, mais multipliait les caprices de star, refusant de chanter devant une femme de ministre qu'elle n'aimait pas. Un soir, elle dit à Talaat pacha qu'elle regrettait parfois les plats syriens, le kebbeh, les feuilles de vigne farcies. Le lendemain, il organisa un fastueux dîner à son intention, y invita tous ses amis, fit préparer ses plats préférés, mais elle ne vint pas. Un domestique de son hôte la trouva, non sans mal, en train de jouer au poker et de manger des tohmiehs. « Talaat pacha vous attend, ya sitt Asmahane. — Mais que me veut-il ? — Le dîner syrien que vous lui avez réclamé hier est prêt. » Elle répondit en battant les cartes : « Hier c'était hier. Aujourd'hui c'est aujourd'hui. »

Sa carrière n'avait pas souffert de l'exil en Palestine et elle était devenue l'une des vedettes les mieux payées du monde arabe. Pour son premier film, *Un jour de bonheur*, en 1939, le Dr Baida lui avait alloué, en tout et pour tout, cent guinées. Pour le deuxième, *Victoire de la jeunesse*, elle en avait obtenu mille cinq cents. Le cachet d'*Amour et vengeance* était de douze mille guinées. Seule Oum Kalsoum était mieux payée.

Mary, horrifiée par le gaspillage, la vit acheter, en une seule journée, vingt paires de chaussures, une douzaine de robes et quatre manteaux. De temps à autre, elle décrétait que rien ne lui allait plus dans sa garde-robe et elle en faisait cadeau à qui voulait. Mohamad Tabeï défendit qu'on rendît compte dans la *Dernière Heure* de l'une de ses extravagances, une « soirée à mille guinées », mais il se la fit raconter par l'échotier qui y avait assisté et qui conclut son récit par : « J'ai enfin compris ce que signifiait l'expression française : " Le champagne coule à flots. " »

A chacune de ses visites, Mary retrouvait les tiroirs des commodes débordant de factures, de médicaments, de flacons de khôl, de boîtes de dattes sèches et de lettres d'admirateurs jamais ouvertes. Elle découvrit même un jour, dangereusement proche de la poubelle, un coffret de bois contenant une grosse somme en livres anglaises et turques. Amal fit monter une bouteille de champagne pour fêter cette découverte.

— Enfin, comment as-tu pu oublier cela ? dit Mary en levant sa coupe. Si une femme de chambre ou un garçon d'étage avaient trouvé ce trésor, je ne pense pas qu'ils te l'auraient rendu. On te vole à qui mieux mieux !

— Voyons, nous ne sommes pas à Londres, et il faut bien que les Égyptiens vivent. Ils ne se nourrissent pas du limon du Nil, tu sais !

Mary eut envie de répondre qu'on pouvait se

procurer de l'argent d'une autre façon, mais elle recula par peur de jouer une fois de plus la donneuse de leçon. Amal était allée s'asseoir devant la coiffeuse et se contemplait dans la glace à trois pans. Elle s'amusait encore à dédoubler son visage en modifiant l'angle de l'un des miroirs latéraux. Ce fut l'occasion pour Mary de lui dire un certain nombre de vérités.

— C'est tout à fait toi. Ou plutôt vous deux.

— Comment ça ? fit Amal, surprise.

— Oui, il y a deux Amal. Parfois, j'ai du mal à te considérer comme une seule personne.

— Moi aussi, figure-toi. Et quels sont mes deux visages, à supposer que je n'en aie que deux ?

— Regarde ton miroir, tes deux profils : comme le face-à-face de deux anges sur une pierre tombale. L'un est violent et sauvage et l'autre tendre et civilisé. L'un est prisonnier d'une impasse et l'autre sait comment en sortir.

— L'impasse des deux anges, murmura Amal.

— Pourquoi des deux anges ?

— Ce serait trop long à t'expliquer, et puis tu n'es pas très observatrice.

— En tout cas, c'est un beau titre de tableau « L'impasse des deux anges ». Pour votre portrait à toutes les deux.

— Tu me crois folle ?

— Non, mais nous sommes tous un peu schizophrènes. Notre cerveau est divisé en deux.

Chez toi, les deux parties s'ignorent. On ne sait pas quelle est la moitié qui commande à l'autre. En peinture, on peut montrer cela mieux que par des mots. Picasso le fait, et il n'est pas le seul.

Amal voyait dans la double image la marque d'autre chose. Elle se regardait vivre, et ce regard sur elle-même la tuait. Étrangement, le tête-à-tête des deux anges sur le miroir lui rappelait son talisman et lui donnait un terrible sentiment de solitude. Mais elle n'était pas d'humeur à en parler et elle ne voulait pas qu'une autre lui en parlât. Une bouffée d'exaspération l'envahit.

— Un jour, tu m'as dit que tu me voyais en Isis ou en Cléopâtre. Maintenant, tu me coupes en deux ? De quel droit m'accapares-tu avec cette arrogance de propriétaire ? Tu as toujours les yeux braqués sur moi, comme si j'étais un modèle dans ton atelier. Tu m'étudies, tu me surveilles. Mais qui crois-tu être à la fin ?

Mary la regarda, bouche bée. Jamais encore, elle ne l'avait entendue user d'un ton aussi méprisant.

— Vous êtes tous les mêmes, reprit Amal, dont la fureur semblait un peu retomber. Ton regard sur moi, c'est celui des Anglais sur l'Égypte. Un regard colonial. Celui du seigneur examinant ses sujets ! Même quand vous faites semblant de nous comprendre, comme ta chère Freya ou ton ami Durrell, vous avez ce regard-là. Je ne suis pas un ange de pierre sur une tombe. Je suis une femme d'ici, comme toutes les autres ! Ni Isis ni Cléopâtre, ne l'oublie jamais !

L'algarade était d'autant plus désagréable pour Mary qu'elle avait conscience de l'avoir méritée. Elle avait voulu faire d'Amal l'incarnation de cet Orient qu'elle ne parvenait ni à apprivoiser ni à comprendre.

— Tu es très difficile à supporter, dit-elle d'une voix mourante.

— Qui t'oblige à me supporter ? Reste dans ton camp et laisse-moi dans le mien. Il n'y aura plus d'impasse des deux anges, l'ange de l'Orient et l'ange de l'Occident !

Mary quitta la pièce, convaincue que la brouille cette fois-ci était définitive. Le lendemain, Amal lui téléphona, impérieuse et suppliante, pour qu'elle lui rende visite séance tenante. Elle se comporta comme si rien ne s'était passé, et pendant les semaines qui suivirent donna l'impression qu'elle jalousait ses amis, ses cours à l'université et jusqu'à sa peinture et avait constamment besoin de sa présence.

Mary s'en voulait de lui avoir encore cédé, mais il lui arriva de refuser à Larry, au Caire pour le week-end, de l'accompagner à la piscine du Sporting. Elle savourait amèrement sa dépendance. A l'approche d'une nouvelle exposition, le directeur du Centre anglo-égyptien s'inquiétait des constantes modifications de son programme : on ne pouvait plus changer la date sans déplacer les manifestations suivantes. Il commençait à croire que Mary n'était plus tout à fait *reliable*. Elle négligeait souvent ses cours et ses pinceaux, prise par une sorte de vague rêverie qui ressemblait à de la paresse. « Si l'on pouvait écrire ici, on serait un génie », lui avait dit un jour Larry. Elle se demandait si ce n'était pas valable pour toute activité de l'esprit, quelle qu'elle fût.

Un soir où elle dînait avec Amal en tête à tête sur la terrasse du Mena House, celle-ci la regarda d'une curieuse façon au moment où elle se levait pour retourner chez elle.

— Reste, pour une fois, lui dit-elle. Reste donc, Mary ma douce.

— Je dois rentrer, dit Mary. Il est temps d'aller dormir.

— Qui te parle de dormir ?

Elle la fixa de ses irrésistibles yeux verts et ajouta :

— Il serait temps de mettre un peu de désordre dans ta vie. As-tu peur de moi ? Ou peur de toi ?

Cette fois, l'allusion était claire. Mary, troublée, eut l'impression qu'elle lisait son journal intime par-dessus son épaule.

— De toute façon, je dois passer voir Freya avant de rentrer chez moi.

Elle ne savait plus très bien ce qu'elle disait. Quelle absurde idée que d'inventer un rendez-vous avec l'exploratrice à deux heures du matin ! Elle se crut obligée de se justifier...

— Tu sais, Freya n'est pas quelqu'un qu'on puisse traiter avec désinvolture.

— Retrouve ton calme, ma chérie. Tu as l'air bouleversée, et je me demande bien pourquoi. Ah, si seulement tu pouvais être un tout petit peu désinvolte !

Amal fit le signe de la pyramide de balles de ping-pong. Depuis leur première conversation, elle savait combien l'équilibre de cet édifice, chez Mary, était fragile. Quant à ses penchants amoureux, Amal ne les partageait pas et, par moments, elle le regrettait. Il lui semblait que, si elle avait eu ce goût-là, les choses auraient été plus simples et sa vie plus harmonieuse. Le désir harcelant et brutal des hommes n'y avait apporté que du désordre et de l'angoisse, mais n'être pas désirée était plus angoissant encore.

Freya poussa la porte et eut un imperceptible mouvement de recul. Il était entendu qu'avant de rentrer chez elle, elle passerait par le petit appartement proche de l'ambassade britannique où Larry l'attendrait en compagnie de Mary. Ils étaient là, l'air légèrement embarrassés, et face à eux, trônant dans un fauteuil Louis XIII et croisant haut ses jambes, Amal fixait sur l'arrivante son regard que la lumière tamisée de la grosse lampe 1900 rendait presque noir. Qui diable l'avait donc invitée ? Elle avait dû s'imposer ! L'exploratrice ne se démontait pas aisément. Il lui fallait faire contre mauvaise fortune bon cœur. En principe, l'affaire devait rester secrète quelques heures encore, ou du moins être uniquement réservée à des oreilles anglaises. Mais, au bout du compte, les préparatifs en cours dans toute la ville ne passaient certainement pas inaperçus. Déjà, on devait tout savoir au Palais.

– Chère Freya, nous pensions que vous ne viendriez plus, dit Larry. Quatre heures de réunion ! Sir Miles avait beaucoup de choses à vous dire.

Il avait beaucoup bu pour meubler l'attente et ne parvenait pas à cacher sa curiosité autant que l'exigeaient les bonnes manières. D'une main tremblante, il débarrassa le divan, à l'intention de Freya, de la masse de livres et de dossiers qui l'encombraient.

– Ils iront voir le roi à neuf heures demain matin, dit-elle. Ils lui donneront le choix entre Nahas et l'abdication. Je n'ai pas réussi à convaincre sir Miles de renoncer à cette folie. Voilà, vous savez tout.

Elle dégrafa le col de la veste bleu roi à brandebourgs qui eût mieux convenu à une écuyère de cirque qu'à une conseillère de l'ambassadeur pour les affaires arabes.

– Idiot mais prévisible ! soupira Larry. Ah, nous avons bonne mine !

Amal bondit d'indignation.

– Ce n'est pas idiot. C'est honteux, répugnant, dégoûtant, immonde...

Elle cherchait des mots plus forts encore, mais la langue anglaise les lui refusait et elle passa à l'arabe, plus généreux. Mary tenta de la calmer.

– Voyons ! Tu n'as tout de même pas eu à te féliciter de Farouk. Après la façon dont il t'a traitée ! Et puis tu n'es même pas égyptienne !

Elle se retourna vers elle, les mains en avant comme pour la griffer.

– Ne dis pas de sottises. Ce n'est pas de Farouk qu'il s'agit ! Je me fous de Farouk ! Il peut crever, ce porc ! C'est du roi d'Égypte qu'il est question. Du roi ! Vous avez bien un roi, vous autres, non ?

Freya, inquiète du tour que prenaient les choses, fit tinter le glaçon dans le verre que Larry venait de lui servir comme on agite une clochette pour rétablir l'ordre.

– Avant les commentaires, il y a les faits. Je croyais que vous désiriez connaître la façon dont tout cela s'est passé.

– Bien sûr, dit Mary tandis qu'Amal reprenait sa place, le visage fermé comme si on venait de l'insulter.

– Il n'y a eu que deux voix contre, le général Stone et moi. Vous vous doutez bien que ce n'était pas pour les mêmes raisons. Stone défendait le point de vue militaire : on n'ouvre pas un second front sans nécessité, on ne compromet pas en temps de guerre la tranquillité de ses arrières, les Égyptiens vont nous mener la vie dure, nous n'avons pas tellement d'amis. Évidemment, sir Miles a balayé ses arguments et Stone s'est mis au garde-à-vous. Il enverra les chars et les paracommandos. Ce sont les civils qui commandent.

– Grandiose ! s'écria Larry. Le palais du roi

d'Égypte entouré de chars d'assaut commandés par l'homme qui lui a garanti, quatre ans plus tôt, la non-immixtion de la Grande-Bretagne dans les affaires intérieures de son pays ! Le chef d'un État non belligérant menacé par la puissance qu'il aide à gagner la guerre ! Grandiose !

Il levait les bras au ciel, avec un rire forcé.

– Des traîtres et des salauds, voilà ce que sont vos dirigeants, coupa Amal toujours aussi furibonde. Mais évidemment, nous n'avons rien à attendre de nos colonisateurs !

– Sir Miles nous a distribué le texte de l'abdication qu'il imposera à Farouk, reprit Freya, imperturbable. Il vous intéresserait peut-être, Amal, de voir comment il fait parler le roi d'Égypte. Je vous le lis si vous me promettez de garder votre sang-froid.

– Plus rien ne peut m'étonner.

Elle tira de la basque de sa veste une feuille de papier.

– Je vous rappelle que le roi devra signer cela uniquement s'il refuse de nommer Nahas Premier ministre. Ce qui n'est pas certain du tout. Voici donc le texte : « Nous, Farouk, roi d'Égypte...

– De quel droit ose-t-il écrire « Nous, roi d'Égypte » ?

– Laissez-moi donc finir. Vous pourrez parler ensuite autant que vous le désirerez. Donc : « *Nous Farouk, roi d'Égypte, soucieux, comme tou-*

jours nous le fûmes, des intérêts suprêmes de Notre pays, renonçons par la présente pour Nous-même et Nos héritiers au trône du royaume d'Égypte, à tous les droits souverains, privilèges et pouvoirs y afférents, et relevons Nos sujets de leur serment d'allégeance à l'endroit de Notre personne. Fait en notre palais d'Abidine le 4 février 1942... »

Larry s'esclaffa.

– « Soucieux des intérêts de Notre pays ! » Sir Miles a trouvé cela tout seul ? Cela m'étonnerait car, entre nous...

– Ne dites pas de mal de sir Miles, dit Freya. Il m'a sauvé la vie en me faisant rapatrier quand j'étais très malade au Yémen. Cela ne m'empêche pas d'être de votre avis sur le fond du problème. C'est une énorme sottise qu'il fait là. Nous avions bien assez d'ennemis pour ne pas nous mettre à dos les Égyptiens.

– Et tous les Arabes, compléta Amal.

– Oui, notre vie va devenir difficile ici, soupira Larry. Je doute d'être invité très souvent chez mes amis d'Alexandrie. Quand je pense que je suis censé défendre cette politique ! En tout cas, l'acte d'abdication n'est pas mal tourné. Je répète ma question : est-ce l'œuvre de notre ambassadeur ?

– Non. C'est sir Walter Monckton qui l'a écrit.

– Alors, cela ne m'étonne plus. Il a l'habitude.

Sir Walter, quinquagénaire solennel aux bajoues fripées, avait eu, quelques années plus tôt, à rédiger l'acte d'abdication du royal soupirant de Mrs. Simpson. Il n'était au Caire en qualité de conseiller juridique de l'ambassade que depuis quelques semaines, mais la déposition d'un souverain régnant n'étant pas chose fréquente, on avait eu recours à ses lumières.

Freya regarda autour d'elle comme une conférencière qui, son exposé terminé, quête les demandes d'éclaircissements.

– Avez-vous l'impression que le coup était préparé de longue date ? demanda Larry, dans le rôle du bon élève.

– Non, ou du moins certains détails m'en feraient douter.

– Lesquels ?

– Eh bien par exemple, quand il a fallu écrire l'acte d'abdication, personne n'avait de papier convenable. Il a fallu se rabattre sur du papier pour machine à écrire, ce qu'on appelle communément « papier pelure ». Sir Walter était horrifié !

Mary ne put s'empêcher de rire et Amal la foudroya du regard.

— Encore une question, chère Freya, dit Larry. Que fera-t-on du roi s'il refuse de signer ?

– Il doit être embarqué à bord d'une frégate pour les Seychelles.

– Pourquoi Nahas ? demanda Amal.

Elle avait rencontré chez Talaat ce vieux politicien, qui se lançait à tout propos dans des diatribes nationalistes et antibritanniques et que Hassanein méprisait. Décidément, elle ne comprendrait jamais rien aux jeux de la politique. Elle n'osa pas demander ce qu'il adviendrait du grand chambellan. Suivrait-il le roi en exil ou le trahirait-il ?

– Parce qu'il déteste les Allemands et les Italiens autant qu'il nous hait, répondit Freya sur le ton de l'évidence. D'ailleurs, il déteste tout le monde. Le choix est assez habile. On ne pourra pas dire que nous plaçons l'une de nos créatures.

– De toute façon, je suis sûre que Farouk ne signera pas. Il y a des choses que même lui ne peut pas accepter, conclut Amal, avant de s'enfermer dans un silence buté.

Elle s'en voulait mortellement d'avoir servi la politique des Anglais, dont elle mesurait le cynisme et la perfidie. Vers quel abîme avait-elle poussé les Druzes ? Elle jura de se venger. Elle ne savait pas encore comment, mais elle était certaine qu'elle y parviendrait un jour.

L'horloge venait de sonner neuf coups. Farouk cessa de contempler son tarbouche et ses décorations et guetta la porte. A l'Auberge des Pyramides, où il commençait sa nuit, on l'avait averti des intentions britanniques. Il ne s'était pas couché, et avait revêtu son grand uniforme, dès les premiers grondements de moteurs des blindés dans les rues avoisinantes. Debout au fond de la pièce, une vingtaine de membres des maisons civile et militaire s'entretenaient fébrilement à voix basse. On avait fermé à clé la haute porte pour contraindre les Anglais à l'effraction, mais donné consigne aux sentinelles de ne leur opposer aucune résistance.

Hassanein, dans son uniforme de grand chambellan aux revers ornés de broderies d'argent, faisait nerveusement les cent pas. La mise en scène qu'il avait préparée serait-elle efficace ? Si Farouk abdiquait, il en serait tenu pour le principal responsable, en tant qu'ami de toujours des Anglais, et n'aurait plus qu'à quitter le pays. Il avait un autre motif d'irritation, plus personnel, celui-là. Quand le coup de téléphone du Palais l'avait convoqué en pleine nuit, il venait d'accueillir Amal dans sa garçonnière et sa maîtresse, refusant de croire à une affaire d'État, lui avait fait une scène effroyable, l'accusant de la quitter pour rejoindre la reine Nazli.

— Nos invités nous font attendre. Ils ignorent la politesse des rois, dit Farouk, à qui l'épreuve avait rendu quelques-unes des qualités de la première année de son règne.

Il oubliait sa fatigue, tant il était ravi de voir son ennemi juré sir Miles dans le rôle odieux du soudard qui viole le droit des gens. Toute l'Égypte se rangerait aux côtés de son souverain insulté. On n'entendrait plus, dans les rues, les étudiants chanter la rengaine « *King Farouk King Farouk, you're a dirty old crook* ».

Après une discrète tentative sur la poignée, les deux battants de la porte cédèrent soudain sous la poussée de robustes épaules et, coiffé du bicorne emplumé, l'épée au côté, comme le jour où il avait présenté ses lettres de créance, sir Miles Lampson fit son entrée. Il était suivi, à deux pas de distance, du général Stone, le visage fermé, et d'un civil en jaquette et cravate grise. Les trois hommes étaient encadrés par six jeunes officiers en tenue de campagne, revolver d'ordonnance au poing.

— Ravi de vous voir, sir Miles, lança Farouk, qui avait soigneusement préparé sa réplique. Mais je ne me souviens pas de vous avoir accordé audience ce matin ? Vous êtes sous bonne protection. Auriez-vous peur de quelque chose ? Rassurez-vous, vous et vos amis êtes parfaitement en sécurité chez moi.

Le diplomate ignora le sarcasme.

— J'ai une communication de la plus haute importance à faire à Votre Majesté par ordre de mon gouvernement, dit-il sur un ton solennel. Le Royaume-Uni de Grande-Bretagne et d'Irlande du Nord, en raison de la gravité de la crise actuelle et des exigences que lui impose la conduite de la guerre jusqu'à la victoire, souhaite instamment que Votre Majesté nomme Nahas pacha aux fonctions de Premier ministre d'Égypte.

— Et si je refuse ?

— J'ai instruction d'informer Votre Majesté qu'en pareil cas mon gouvernement estime qu'il lui serait impossible d'envisager qu'Elle demeure sur le trône d'Égypte, et qu'il lui faudrait, à son vif regret, exiger d'Elle la signature d'un acte d'abdication établi en faveur du prince héritier Mohamad Ali.

— Général Nogoumi, du calme, je vous en prie ! s'écria Farouk.

L'aide de camp nubien, qui ébauchait le geste de tirer son pistolet de son étui, rectifia la position.

— Auriez-vous l'obligeance de suggérer à vos jeunes amis en uniforme de bien vouloir rengainer leurs armes ? dit le roi. Une maladresse est vite arrivée et je serais désolé qu'on tache mes tapis.

Sur un geste de l'ambassadeur, les revolvers disparurent comme par enchantement. Les officiers paraissaient aussi gênés par leur exhibition belliqueuse que si on leur avait demandé, dans une soirée mondaine, de porter un spencer avec des chaussettes de couleur.

— Je ne saurais nommer mon Premier ministre sous la menace de l'étranger, reprit Farouk. Décidément, je préfère la seconde solution.

Miles Lampson fit un signe à Monckton, qui tira d'un porte-documents un feuillet et le déposa sur le bureau.

— Dans ce cas, je prie Votre Majesté de bien vouloir signer l'acte d'abdication que voici.

Le roi saisit le document entre le pouce et l'index, l'examina avec soin puis fit mine de s'en éventer.

— « Soucieux, comme je l'ai toujours été, des intérêts de mon peuple. » Je vous remercie, sir Miles, voilà qui est bien dit. Mais vous auriez pu choisir un papier convenable. Celui-ci est si fin que vous devriez le réserver à un usage beaucoup moins noble. Un usage... hygiénique.

Hassanein vit le diplomate s'empourprer. Le moment était venu de mettre à exécution le plan arrêté avec le roi. Il se précipita vers Farouk qui venait de saisir le porte-plume fiché dans le lourd encrier de marbre noir.

— Je supplie Votre Majesté de ne pas signer. Qu'Elle veuille bien songer à ses sujets et à l'Égypte ! L'abdication serait une catastrophe.

— Mais vous imaginez-vous que j'aie le choix, Monsieur le grand chambellan ? Vous ne voyez donc pas qu'on me fait violence ?

— Je le vois, Majesté, et le monde entier le verra comme moi.

— Laissez-moi donc signer, puisque ces messieurs l'exigent. Le neuvième successeur de Méhémet Ali va renoncer, sous la menace, au trône d'Égypte. Que le Miséricordieux leur pardonne !

D'un geste théâtral, il plongea le porte-plume d'ébène dans l'encrier et le fit tournoyer au-dessus de l'acte d'abdication.

— Majesté ! implora à nouveau Hassanein. Au nom du peuple égyptien, je vous conjure de ne pas signer !

Une rumeur de supplications vint du groupe massé au fond du bureau royal. Farouk contempla avec jubilation sir Miles Lampson, qui semblait au bord de l'apoplexie.

— Vous avez sans doute raison, Monsieur le grand chambellan, dit-il enfin. Nous ne pouvons pas, dans des circonstances aussi délicates pour le pays, infliger la charge écrasante des affaires à notre cousin bien-aimé, le prince Mohamad Ali, qui est âgé et de santé fragile.

Il regarda le diplomate avec son sourire de mauvais sujet.

— Vous voulez Nahas pacha, Monsieur l'ambassadeur ? Fort bien, vous l'aurez. Je signerai son rescrit de nomination dans un instant. Nous ne manquons pas ici, grâce à Dieu, de papier de bonne qualité.

Sans un mot, l'Anglais porta sa main gantée à son bicorne et tourna les talons. Dès que l'escouade eut quitté la pièce, les Égyptiens se précipitèrent pour congratuler leur roi. Jaillissant avec l'agilité d'un sapajou du petit groupe au milieu duquel il s'était caché aussi longtemps qu'il redoutait un danger, Pulli bey fut le premier à baiser la main du souverain.

— Alors, comment m'as-tu trouvé, Antonio ?

— Fantastico, Majesté ! Fantastico. Oune merveille !

L'Italien se prosterna devant le bureau, esquissant une révérence, et se redressa, étonné.

— Mais Majesté, dit-il, de toute façon vous ne pouviez pas signer ! Il n'y avait pas dé l'encre !

Le coup de force britannique eut immédiatement une répercussion mondaine : les membres égyptiens de l'Anglo-Egyptian Club et du Gezira Club renvoyèrent leurs cartes, la mort dans l'âme. Freya vit tout son travail compromis : son assistante et amie Lulie Abu'l Huda lui téléphona, en larmes, que si elle la revoyait, elle serait mise en quarantaine par tous ses amis cairotes.

Amal avait pris la tête de l'opposition : elle ne répondait plus aux coups de téléphone de Mad Jack et lui interdit sa porte jusqu'au jour où, la rencontrant par hasard, il se précipita vers elle pour lui dire qu'il n'était pour rien dans toute l'affaire et que sir Miles avait agi comme un vieil imbécile. Heureuse de l'entendre parler de cette façon de l'ambassadeur détesté, elle lui sauta au cou. Elle allait jusqu'à prétendre que les mots anglais ne pouvaient plus franchir ses lèvres, et elle ne mit fin à ce boycott que lorsque Mary lui fit observer combien il était peu aimable de l'obliger à parler français, langue dans laquelle elle ne se sentait pas parfaitement à l'aise.

La guerre prenait un tour nouveau. Les Allemands marquaient des points sur tous les fronts et beaucoup d'observateurs pensaient qu'ils allaient sinon être vainqueurs, du moins imposer une paix à leur avantage. Les Anglais qualifiaient l'étrange climat qui régnait au Caire de *flap*, mot qui désigne aussi bien le désarroi que l'affolement. La radio allemande promettait chaque jour que les Égyptiens ayant pris parti pour la Grande-Bretagne seraient pendus aux arbres de la place Ezbekieh. Un matin, des fumées noires montèrent des incinérateurs installés sur les toits de l'ambassade britannique, à Kasr el-Doubara, et du Grand Quartier général de Garden City : on brûlait les archives. Quelques documents tournoyant dans l'air chaud vinrent atterrir, intacts, à proximité d'un marchand ambulant qui s'en servit pour faire des cornets pour ses figues, au grand scandale du responsable de la sécurité de l'opération. Par mesure de précaution, la flotte britannique quitta Alexandrie pour la mer Rouge, et le personnel qui n'était pas indispensable fut envoyé en Palestine.

Une chanson faisait fureur en Égypte, en Syrie et en Irak ; elle disait adieu à « Monsieur » et à « Mister » pour souhaiter la bienvenue au Führer. Pour faire enrager Mary, Amal la lui répéta durant tout un après-midi :

Barra Missiou, Barra Mister
Kellou barra, ahlan Hitler !

برّا مسيو برّا مستر
كلّو برّا أهلاً هتلر

Amal soutenait que les Allemands ne pouvaient pas être pires que les Anglais et seraient sans doute meilleurs. Elle baissait la vitre de sa voiture pour mieux entendre quand, dans les rues du Caire, elle croisait un groupe d'excités criant : Vas-y Rommel ! Par une métamorphose digne des *Mille et Une Nuits*, le bruit courait que son vrai prénom était Mohamad et qu'il était le fils d'un Allemand venu réorganiser les chemins de fer égyptiens et d'une femme du pays. Des malins faisaient visiter, moyennant trois piastres, la maison de sa mère à Tantah. Mary se permit de rire de cette histoire et Amal se fâcha.

— Tu crois toujours tout savoir. Son père était un ingénieur allemand installé en Égypte. Sa mère s'appelait Leïla.

Rien dans son regard ne trahissait le moindre doute. Croyait-elle vraiment à cette grotesque affabulation ? Dans ce cas, l'un des deux anges était fou à lier !

Quelques semaines plus tard, au moment où le serviteur nubien ouvrait devant elle la porte capitonnée du bar du Shepherd's, Amal vit sur sa droite Heinz Altmann, attablé seul devant un whisky sous une paire d'appliques en pâte de verre qui nimbaient ses cheveux blonds d'une lumière givrée. Elle avait espéré en vain son appel après la rencontre dans le train et fut heureuse du hasard qui les remettait en présence.

— Quelle chance ! dit-il dès qu'il l'aperçut. Me feriez-vous le plaisir de prendre un verre avec moi, si vous n'avez rien de mieux à faire, bien entendu. Vous savez, je pense beaucoup au film américain dont je vous ai parlé. J'ai commencé à travailler au scénario.

Elle s'assit en face de lui et écarta d'un geste l'étui à cigarettes qu'il lui tendait.

— Merci. J'essaie de moins fumer. Ma voix

de paradis, comme vous dites ! Quant à votre projet, je vous avais demandé de me téléphoner. Je ne dis pas cela à tout le monde, croyez-moi !

Il rougit de confusion.

— Je le sais bien, mais je n'ai pas osé vous déranger.

Curieux garçon. Il prétendait faire un film sur elle et il n'osait pas lui téléphoner ! Comment pouvait-on être aussi timide ? Il avait de la chance d'être citoyen d'un pays neutre car on l'imaginait difficilement sous l'uniforme. Soudain, la pensée qu'elle avait peut-être mis les Druzes en mauvaise posture en les poussant à l'alliance avec les Anglais revint la tourmenter. Comme toujours, la gêne la rendit sarcastique.

— Votre projet de film vous laisse tout de même le temps de vous occuper de la guerre ?

— Hélas oui. Vous vous souvenez de ce que je vous avais dit dans le train ?

— Je m'en souviens très bien.

— Eh bien, tout le confirme. Les Anglais savent qu'ils vont perdre. Cela leur fait commettre des erreurs aussi énormes que le coup de force du Caire. Sûrs de la victoire, ils n'auraient pas forcé la main à Farouk.

— Il s'est laissé faire, répondit Amal, en montrant un serveur qui, à une table voisine, s'inclinait très bas devant un officier avant de prendre sa commande. Depuis toujours, les Égyptiens sont serviles envers leurs maîtres.

— Depuis toujours, les Anglais veulent être les maîtres. Ils marchent sur le monde comme sur une fourmilière. La formule n'est pas de moi, elle est d'un écrivain français. Je la trouve très juste.

— Elle est très vraie. Oui, les autres sont des fourmis. Mais les Allemands sont-ils différents ? Ils font marcher leurs soldats au pas de l'oie. Quand ils auront gagné la guerre, Dieu seul sait comment ils nous traiteront...

Elle avait réussi, sous cette forme indirecte, à formuler la question qui l'obsédait. Comment traiteraient-ils les Druzes, et plus particulièrement les Attrach ? Ils les massacreraient sans doute jusqu'au dernier ! Ah, comme Mohamad avait eu raison de lui déconseiller de jouer à la Mata Hari pour le roi d'Angleterre ! Elle aurait dû l'écouter. Après tout, les Druzes étaient sa famille, sa vraie patrie. Ils ne se réduisaient pas aux quelques notables bornés et malfaisants de Soueïda !

— Oui, vous avez raison, les Allemands veulent eux aussi dominer le monde. Groß-Deutschland, Groß-Berlin, la Grande Allemagne et le Grand Berlin. Ce vocabulaire de mégalomanes nous agace, nous autres Suisses, citoyens d'un petit pays qui n'a jamais voulu dominer personne. Mais il y a tout de même une sacrée différence. Contrairement aux Anglais, les Allemands n'ont pas eu d'empire colonial digne de ce nom. Ils ne détestent que les Juifs. Ils les chasseront sûrement de Jérusalem, car ils se passionnent pour le monde arabe. Au fait, savez-vous que von Papen, leur ambassadeur à Ankara, est l'un de vos fervents admirateurs ?

Elle ne le savait pas. Elle se souciait peu d'un admirateur de plus mais l'idée qu'elle pourrait, en cas de besoin, obtenir l'appui d'un Allemand aussi haut placé la rassura. Son erreur était peut-être réparable. Elle se leva.

— Pour ce film, venez me voir chez moi mardi après-midi. Vous pourrez m'expliquer enfin votre projet.

Elle coupa court à ses remerciements en lui tendant sa main à baiser. C'était un garçon timoré, certes, mais on pouvait lui faire confiance.

Le mardi suivant, à l'heure dite, Heinz Altmann sonna à sa porte. Il fut étonné par le salon dans lequel l'introduisit Aïcha ; ce n'était pas du tout le décor dans lequel il s'imaginait une chanteuse arabe à succès. Ni bibelots ni fanfreluches, pas une seule photographie, des murs blancs ornés de tableaux, un ensemble d'un goût très sûr, un dépouillement inattendu. Il faisait chaud et une puissante odeur de goudron montait de la rue en réfection. Amal fit son entrée suivie d'un grand chien tacheté qui se précipita sur lui. Il eut un mouvement de recul.

— N'ayez pas peur, c'est Frank, Frank Sinatra. Il ne vous mangera pas.

C'était parfait, elle le prenait pour une mauviette.

— J'ai été mordu enfant, excusez-moi. Mais Frank Sinatra ? Quel drôle de nom !

— J'ai toujours donné à mes chiens des noms en rapport avec la chanson. Ah, si vous aviez connu Lili Marlène ! Un pékinois !

Elle l'invita à s'asseoir dans un fauteuil et s'installa face à lui, sur le canapé de cuir.

— Parlez-moi du film.

— Vous savez que, via Zurich, j'ai un contact facile avec les États-Unis. Les avantages de la neutralité ! La MGM m'a chargé officiellement de lui envoyer un synopsis.

— Pourquoi ont-ils accepté ?

— Pourquoi ? Mais parce que c'est vous. C'est un sujet qui ne se refuse pas.

— Mais enfin que veulent-ils ? Une opérette viennoise sous les palmiers ? Un remake oriental d'*Autant en emporte le vent* ?

— Pas du tout. Mais évidemment, le côté princesse druze, sans parler de votre physique, joue un rôle important dans leur décision. Ils adorent les comédies musicales. Vous serez une grande chanteuse vedette de cinéma.

— Et l'intrigue ? Pas trop de confiserie au miel, j'espère ?

— Pas du tout. Je pense raconter l'histoire de votre vie un peu romancée — entrecoupée par les grandes chansons de votre répertoire : *Mon amour viens à mon secours* et les autres. En version anglaise, bien entendu, mais votre anglais est parfait.

Ce premier jour, ils ne travaillèrent pas beaucoup au scénario. Heinz lui parla du cinéma américain, qu'il connaissait admirablement, et Amal le fit rire en mimant les personnages du film égyptien de série B : une jeune Cairote bien grasse — Dieu merci, elle ne travaille pas ! — est promise à un étudiant doué et moustachu. Douleur des deux familles quand le garçon est détourné du droit chemin par une Anglaise, une Américaine ou une Suédoise odieusement blonde ! Mais la séductrice est démasquée par un oncle bon musulman et prend la fuite. Joie et épousailles, danse du ventre, gâteaux et tambourins !

Quand ils se quittèrent, ils étaient de grands amis. Heinz revint presque chaque semaine. Elle considérait tout ce qui concernait le film, y compris ces séances de travail, comme confidentiel, avait fait jurer le secret à Mary et espérait que le Dr Baida tiendrait sa langue. La préparation d'une fuite en Amérique aurait eu un effet désastreux sur son public. Mais elle était sûre qu'à Hollywood, elle serait bientôt une vraie star. A la quatrième séance, elle s'enhardit à confier à Heinz qu'elle était soucieuse pour l'avenir des Druzes. Ils n'avaient pris aucun contact du côté allemand, et en cas de victoire de l'Axe, que leur arriverait-il ? Il réfléchit un long moment.

— Vous devriez en parler à von Papen, dit-il. Il serait si heureux de vous connaître ! C'est un homme intelligent et sensible, il n'a rien de commun avec certaines brutes nazies. Et il est très influent à Berlin. Je crois même qu'il sera chargé de la politique arabe du Reich après la guerre. Rien ne vous empêche de faire un saut à Ankara ? Vous êtes ressortissante d'un État non belligérant et la Turquie est neutre. A moins, bien sûr, que les Anglais...

— Les Anglais n'ont pas à me dire ce que je dois faire ! Il ne manquerait plus que ça ! J'irai à Ankara le plus tôt possible.

A peine rentré chez lui, Altmann alla chercher, dans la cachette qu'il avait ménagée, le lourd poste de radio et le livret du code et chiffra son message : « *Succès total opération Gesang. Agent ennemi retourné. Se rendra à Ankara pour rencontrer Peter à propos problème druze. Indiquerai prochainement date voyage.* »

Il contempla la série de chiffres qu'il venait de tracer et se frotta les mains. L'affaire s'était déroulée *planmäßig,* conformément au plan. En attendant l'heure de sa vacation radio, il se plongea dans la rédaction des notes dont, après la guerre, il avait l'intention de faire un livre à succès sur le territoire du Reich victorieux.

Le capitaine Nigel Davidson, un rouquin d'Aberdeen aux épaules de demi de mêlée, avait déjà à son actif plusieurs opérations spéciales, dont quelques-unes, derrière les lignes allemandes, avaient été dangereuses. De celle-ci, il retenait un détail plutôt surprenant : on lui avait demandé de se procurer un adjoint capable de décrocher très rapidement un wagon d'un train. Un sergent néo-zélandais, cheminot dans le civil, était parvenu, à l'entraînement, à exécuter ce délicat découplage en moins de deux minutes, montre en main. Les forces de l'Axe ne disposant, à sa connaissance, ni de trains ni de voie ferrée dans la région, Nigel demanda à l'officier des services spéciaux qui lui faisait face où le sergent aurait à démontrer son savoir-faire.

— A la gare frontière avec la Turquie, capitaine. Il faudra décrocher, sans que personne s'en aperçoive, la dernière voiture d'un train : celle qui continue sur Ankara, répondit le major. Il y aura là une dame que nous désirons empêcher de faire un petit voyage et de se montrer trop bavarde. Votre travail consistera à l'appréhender et à la mettre à la disposition du général Evett, qui commande le secteur et est déjà au courant. Elle sera ensuite ramenée à Beyrouth, où le major général Spears souhaite avoir avec elle une petite conversation. Vous prendrez avec vous, en plus de votre expert en décrochage, deux ou trois hommes de la Sécurité militaire. Des hommes mariés du genre placide, si vous voyez ce que je veux dire. Pas de jeunes héros au cœur inflammable.

— Tant de précautions pour arrêter une femme dans un sleeping ? protesta Davidson, vexé. Puis-je vous faire respectueusement observer, major, qu'il m'est arrivé de remplir des missions plus difficiles ?

— Celle-ci n'est pas difficile, elle est délicate. C'est pourquoi on vous a choisi. La femme en question est une chanteuse célèbre dans tout le monde arabe sous le nom d'Asmahane. Elle est jeune, très belle, et j'ai toutes les raisons de penser qu'elle sera folle de rage. Avez-vous déjà disputé un championnat de pancrace avec une jolie femme folle de rage, capitaine ?

— A vrai dire, pas encore, bredouilla Davidson qui commençait à mesurer la difficulté de l'opération.

— Eh bien, moi non plus. Vous avez été choisi pour ce travail, mon cher, parce que nous n'avions pas sous la main un spécialiste de la mégère apprivoisée. Vous êtes un officier de carrière et un rugbyman, donc vous contrôlez vos pulsions. Il n'est pas question, bien sûr, d'abréger le match à coups de matraque. La lady ne doit pas porter la moindre ecchymose. Pas le moindre bleu. Pas la moindre égratignure. C'est bien compris ?

— Reçu cinq sur cinq.

— Au fait, tâchez de ne pas en tomber amoureux à votre tour ! Elle a déjà fait assez de ravages dans les forces armées de Sa Majesté.

Davidson fixa le major qui n'avait pas du tout l'air de plaisanter. Ne pas tomber amoureux ! C'était vraiment la plus extravagante consigne qu'il eût jamais reçue !

Le lendemain, deux minutes seulement avant que s'ébranle le train, le wagon-lit où se trouvait le compartiment d'Amal — par le plus grand des hasards, il n'y avait pas d'autres voyageurs pour Ankara ce soir-là — fut décroché du convoi et remisé sur une voie de garage. Trente secondes plus tard, le capitaine Davidson frappa à la vitre qu'aveuglait un rideau deux petits coups secs de la crosse de son revolver, comme le font les contrôleurs avec leur passe-partout.

Allongée sur la couchette, Amal lisait une revue. Sans méfiance, elle souleva le loquet, et l'officier la poussa vivement à l'intérieur. Perdant l'équilibre, elle s'assit et se releva d'un bond.

— Qui vous a permis d'entrer ici ? Êtes-vous devenu fou ?

— Je suis le capitaine Nigel Davidson, des Scot Guards, Madame, dit l'intrus, avec un sens aigu du ridicule de cette présentation. J'ai l'ordre de vous empêcher de quitter le territoire syrien et de vous accompagner auprès de mes supérieurs.

— Sortez immédiatement !

— Je vous conseille de ne pas me créer de difficultés. Je serais désolé d'avoir à user de la force sur une femme, mais n'hésiterais pas un instant à le faire si cela s'avérait indispensable.

Il la regardait, en débitant sa phrase sur un ton qui se voulait à la fois courtois et menaçant. Le major n'avait pas menti. Ses grands yeux verts étaient élargis par la colère. Qu'allait faire cette vamp en Turquie ? Cela ne le regardait pas. Pour l'instant, dans un accent anglais au-dessus de tout éloge, elle faisait montre d'une remarquable connaissance des insultes les plus blessantes en usage dans les bas-fonds de Londres.

— Habillez-vous et veuillez me suivre ! dit-il le plus sereinement qu'il put.

— Il n'en est pas question ! Je suis citoyenne syrienne et nous sommes en territoire syrien. Je n'ai pas à obéir aux ordres d'un bandit déguisé en officier britannique !

— Je suis en mission officielle, je vous le répète.

— Vous ne pouvez pas être un officier des Scot Guards ! Vous êtes un bâtard et les Scot Guards sont des gentlemen. Ils ne feraient pas violence à une femme en pleine nuit !

Elle avait l'air si sincèrement indignée et méprisante qu'il se sentit rougir. Il fallait bluffer.

— Nous avons ici quelques soldats hindous. Si un officier des Scot Guards ne vous convient pas, voulez-vous que je donne l'ordre à un sous-officier sikh ou gurka de procéder à votre arrestation ?

Elle explosa.

— C'est ignoble ! Cela vous coûtera vos galons, à supposer que vous soyez vraiment ce que vous prétendez être. Je me plaindrai à vos supérieurs de votre immonde goujaterie. Apprenez que je suis une amie personnelle du major général Evett ! Et maintenant sortez, que je puisse m'habiller !

Il se félicita d'avoir placé le sergent cheminot en faction devant la fenêtre et les deux policiers militaires dans le couloir. Cette tigresse était parfaitement capable de lui brûler la politesse. Lui laissant le temps nécessaire à sa toilette, il alla téléphoner à la gare.

— Ici le secrétariat du major général Evett, répondit un homme au fort accent écossais.

— Capitaine Davidson à l'appareil. Passez-moi le général ! Dites-lui qu'il s'agit de l'opération Milady.

Quelques secondes s'écoulèrent, et une voix inquiète lui parvint.

— Davidson ? J'espère que tout s'est bien passé et que vous ne lui avez fait aucun mal ! Comment va-t-elle ?

— Un peu nerveuse, mais tout semble en ordre.

— Surtout, comportez-vous avec tous les égards possibles, reprit la voix, étrangement suppliante. Toute cette affaire est un malentendu. Il ne faut pas que la princesse al-Attrach ait à en souffrir le moins du monde. Présentez-lui mes hommages, et rendez-moi un service, mon cher Davidson.

— A vos ordres, mon général, répondit le capitaine, un peu étonné de cette façon de s'adresser à un subordonné.

— Présentez mes respectueux hommages à la princesse, et dites-lui, surtout, que je ne suis pour rien dans son arrestation, qu'elle n'a affaire à moi que pour des raisons de compétence territoriale. Entre nous, l'ordre vient de Spears en personne.

— Je le lui dirai, mon général, assura Davidson, de plus en plus étonné.

— Encore une petite chose. Ne l'amenez pas à mon quartier général, mais à l'hôtel Baron. Veillez à ce qu'elle y soit bien traitée ; je vous y rejoindrai dans deux heures.

— A l'hôtel Baron d'Alep ?

— Exactement.

— A vos ordres. Mes respects, mon général.

Il raccrocha, ébahi. Mad Jack présentait ses hommages à une lady orientale en état d'arrestation et l'invitait pour interrogatoire dans l'hôtel le plus luxueux d'Alep ! Pour une mission délicate, c'était une mission délicate !

Dans la voiture, où elle prit place sur la banquette arrière entre les deux énormes policiers militaires, Amal redoubla de sarcasmes dès que l'infortuné capitaine lui eut fait part du message de son supérieur.

— Je vous l'avais bien dit. Vos ennuis ne font que commencer. John se fera un plaisir de vous trouver une nouvelle affectation ! Que pensez-vous de cuisinier ? Magasinier ? Chauffeur ? Vous préférez peut-être le service des sépultures militaires ? J'ai lu un article là-dessus. Il paraît qu'on fait des pâtés de sable et qu'on voyage beaucoup !

— Voulez-vous que je la bâillonne, mon capitaine ? demanda l'un des soldats, scandalisé.

— Pas encore. Nous n'en viendrons là que si c'est vraiment nécessaire.

Amal se tut. L'idée d'être bâillonnée, d'étouffer peut-être la terrifiait. Toute l'affaire était due à la stupidité d'un sous-ordre. John allait la remettre en liberté avec des excuses. Quand ils arrivèrent à l'hôtel Baron, le propriétaire arménien de l'établissement se précipita dans le hall pour baiser la main de la jeune femme que suivaient les quatre militaires.

— Quelle joie de vous voir chez nous, Princesse ! Il y a un moment que vous n'étiez pas venue à Alep !

— Je vous remercie, Koko. Comment vont vos sloughis ?

— Très bien. Mais au cours de la dernière chasse à la gazelle, Saïal, le grand mâle, s'est encore blessé, il boite un peu...

— Le major général Evett va arriver dans un instant, coupa Davidson impatienté. Trouvez-nous un salon discret pour que nous l'y attendions en compagnie de Madame.

— Mais nous sommes au courant. L'aide de camp du général a téléphoné pour retenir vos chambres.

Il se tourna vers Amal.

— Pour vous, chère Princesse, ce sera la suite bleue, comme d'habitude. Le général logera juste en face. Quant à vous, Messieurs, j'ai dû vous mettre à un autre étage, car nous avons été prévenus un peu tard. Pour attendre, c'est encore au bar que vous serez le plus tranquilles.

Amal s'installa à une table basse, entre kilims et boukharas. Rassurée par le tour que prenaient les choses, elle décochait de temps à autre à Davidson un sourire lourd de scepticisme quant à ses chances d'avancement. Le capitaine commençait à croire que toute l'affaire était le résultat d'une bévue des services de renseignement. Quand le général fit enfin son entrée, il soupira de soulagement. Désormais, il était couvert et n'avait plus d'initiative à prendre. Il n'en fut pas moins surpris de voir Mad Jack se plonger, après lui avoir adressé un salut rapide, dans un tête-à-tête passionné avec la chanteuse. De toute évidence, elle était sa maîtresse !

— Venez, très chère, dit enfin Evett en se levant et en lui offrant son bras. Vous avez parfaitement raison : l'Oriental est le seul night-club possible de cette ville. Libre à vous de nous accompagner, Davidson, mais nous ne pouvons tout de même pas nous encombrer de la Sécurité militaire. Dites à vos deux géants d'aller se coucher !

Dès lors qu'un major général se portait garant de la dame, fallait-il qu'un simple capitaine veillât sur elle jusque dans une boîte de nuit ? Davidson n'hésita pas : sa mission ne consistait pas à tenir la chandelle.

— Je vous remercie, mon général. Je crois que je vais aller me coucher moi aussi, si vous n'y voyez pas d'inconvénient. Je vous souhaite, ainsi qu'à Madame, une bonne soirée.

Il était décidé à ne pas fermer l'œil et s'installa, avec ses hommes, dans les fauteuils de la mezzanine d'où l'on avait une vue d'ensemble du hall. Vers trois heures du matin, il vit enfin rentrer Mad Jack. Il tenait Asmahane par le cou et semblait éméché.

A six heures précises, alors que les femmes de ménage prenaient possession de l'immense hall, un car kaki déposa devant la grande porte une escouade de la police militaire. Il reconnut l'officier qui la commandait. C'était le major du briefing, et il paraissait furieux.

— Ah, Davidson ! Où sont les tourtereaux ?

— La dame dort dans la suite royale du premier étage et le général dans la chambre voisine.

Devant la grimace du major, il se sentit ridicule.

— Enfin, c'est ce qu'on m'a dit.

— Restez ici. C'est vous qui vous occuperez du général. Il est aux arrêts de rigueur. Vous le conduirez chez Spears. Moi, je me charge de la dame.

Suivi de ses hommes, il se rua dans l'escalier. Moins d'un quart d'heure plus tard, la princesse apparut au haut des marches. Elle était solidement maintenue sous les bras par quatre soldats, qui la portaient presque. Le général Evett la suivait, tête basse et pâle comme la mort.

Sir Edward Spears le reçut d'abord et lui annonça sans ménagements qu'il était nommé chef du bureau des approvisionnements du Kenya, où il n'aurait plus l'occasion de faire des sottises. Il allait demander qu'on introduisît Amal dans son bureau quand se déroula une scène dont il fut frappé au point de la juger digne de figurer dans le Journal de guerre et, plus tard, dans ses *Mémoires* :

> *Elle nous avait demandé, à Catroux et à moi, d'augmenter les versements que nous lui faisions. Nous ne pouvions que refuser, car elle ne nous rendait plus le moindre service. Peu après, j'appris par notre bureau de renseignement qu'elle avait décidé de franchir la frontière turque. Cela signifiait, de toute évidence, qu'elle souhaitait dire — ou plus exactement vendre — aux Turcs tout ce qu'elle savait — y compris bon nombre d'informations de nature militaire. Je donnai l'ordre aux gens de la Sécurité de l'empêcher de passer en Turquie. J'étais assis dans mon bureau de Beyrouth quand, soudain, la porte s'ouvrit et deux policiers militaires firent leur apparition, écartant du bras les sentinelles. Ils encadraient la princesse. Ces policiers étaient terrifiants et je ne savais pas que nous pouvions nous vanter de compter de tels hommes dans nos effectifs. Ils me firent penser à de formidables esclaves retenant les fauves dans un amphithéâtre romain tandis qu'on introduisait les misérables victimes. D'ailleurs, entre eux, la princesse faisait l'effet d'un superbe chat sauvage écumant de rage* *.

Il reposa sa plume en soupirant. Oui, un superbe chat sauvage écumant de rage. C'était exactement ça, mais il n'avait aucune envie

* Sir Edward Spears, *Fulfilment of a Mission, Syria and Libanon 1941-1944*, Archon Books, 1977.

d'égrener le chapelet d'insultes dont elle l'avait abreuvé. En tout cas, on ne pouvait plus la tolérer en Égypte, où les officiers et les hauts fonctionnaires célibataires ou éloignés de leur épouse étaient trop nombreux. Il fallait la faire expulser au plus tôt. Elle retournerait exercer à Jérusalem, Damas, ou auprès du diable, son charme vénéneux !

Amal accepta d'abord son nouvel exil sans révolte. Les autorités égyptiennes, pour ne pas perdre entièrement la face, avaient présenté l'expulsion comme une mesure administrative consécutive à la perte de son passeport diplomatique syrien, mais elle faisait figure, auprès du petit peuple, d'héroïne nationale et recevait chaque jour des lettres la félicitant pour son courage face aux Britanniques exécrés.

Elle n'était pas depuis trois semaines à Jérusalem que la nostalgie la reprit, plus violente que jamais. Elle ne pouvait vivre loin du Caire.

Mohamad Tabeï, debout, passa quelques coups de fil en regardant sans la voir la grande carte du Caire qui tapissait l'un des murs de son bureau. La pièce était bordée de longs classeurs de bois rougeâtre où s'entassaient les dossiers. La journée s'annonçait mal : sa secrétaire était souffrante et il aurait eu grand besoin d'elle. Toutes les autres étaient incapables de s'y retrouver dans sa documentation.

Il alluma une cigarette et, résigné, s'assit devant sa Remington. La feuille blanche engagée dans le rouleau semblait le narguer. Le sujet de l'éditorial s'imposait : c'était l'internement des sujets italiens, enfin décidé sous la pression anglaise, et qui se déroulait dans de très mauvaises conditions : le décret ne visant que les partisans de Mussolini, il fallait être bien naïf pour ne pas avoir prévu ce qui se passait : une pluie de dénonciations peuplait les camps de maris et de concurrents gênants. Il soupira. Que lui importaient les ennuis des Italiens ! Amal expulsée à nouveau. Amal offrant ses services aux Allemands après avoir joué à l'espionne de Sa Majesté ! Cette fois, elle ne lui avait pas demandé son avis avant son escapade. C'est elle qu'il aurait fallu interner !

Il arracha la feuille de la machine, la roula en boule et la jeta dans la corbeille à papier. Raté ! Il avait tout raté ! « J'aime une folle, et je l'aime comme un fou, se dit-il. Quand serai-je débarrassé de cet esclavage ridicule ? » Il savait ce qu'il aurait écrit s'il avait pu consacrer son éditorial à « l'affaire Asmahane ». Elle méritait ses ennuis et son expulsion ! Il en avait discuté avec Mary et ils étaient arrivés à la même conclusion. D'ailleurs, loin du Caire, elle continuait à faire des folies. Aux dernières nouvelles, elle faisait distribuer du blé dans les rues de Beyrouth en proie à la disette, et jouissait de la protection de Catroux, coureur de jupons notoire qui n'était pas homme à l'accorder sans contrepartie. Les Égyptiens étaient furieux de la voir voler au secours des Libanais, comme s'il n'y avait pas assez de misères à soulager chez eux. Pourquoi se comportait-elle de la sorte ? Provocation, défi, vengeance, ou tout simplement inconséquences de star trop fragile pour sa gloire ? Oui, il aurait aimé mettre noir sur blanc ses hésitations, ses doutes, ses questions à propos d'Amal. Il aurait aimé les lui exposer calmement, mais qui, devant elle, pouvait garder son calme ? Impossible de lui donner le moindre conseil. Un jour, en levant sur lui son merveilleux regard vert, elle lui avait dit d'un ton sans réplique : « Merci de ta sollicitude, Mohamad, mais tu n'es pas mon père. » Non, il n'était pas son père. Il n'était même pas son amant. Qu'était-il au juste ? Il sonna le chaouch. Il ne buvait plus depuis quelque temps, mais un double whisky ne pourrait que lui faire du bien.

Ahmad Salem, producteur du film que tournait Amal, n'avait pas hésité une seconde : puisqu'on ne pouvait plus travailler en Égypte faute de vedette, on tournerait les séquences manquantes à Jérusalem. Il avait l'habitude de s'offrir la moindre de ses fantaisies et il tenait à ce film. Les Anglais pouvaient bien obtenir des autorités égyptiennes tout ce qu'ils voulaient, ils n'avaient pas encore, grâce à Dieu, la haute main sur le cinéma !

C'était un homme de quarante ans à l'air décidé, aux épaules un peu trop larges pour sa taille, dont la chevelure frisée, déjà grisonnante, dégageait largement le front. Il passait facilement de la tristesse à l'euphorie, et son regard brun, d'ordinaire attentif, semblait parfois s'absenter. Amal l'avait d'abord rangé dans la catégorie des oisifs qui dilapident leur argent dans le cinéma pour le plaisir d'être considérés. Elle était vite revenue sur ce jugement. Ahmad s'était installé à Jérusalem et était constamment présent sur le tournage. Il demandait au metteur en scène, qu'il traitait en employé, de refaire une prise quand elle était, selon la formule qu'il utilisait, « indigne de la grande Asmahane ».

Cette exigence faisait plus de bien à la vedette que l'admiration éperdue du producteur de son premier film, qui la trouvait toujours parfaite. Dans le travail, elle se jugeait sans indulgence et n'acceptait les compliments qu'à bon escient. En outre, Ahmad savait calmer le trac qui lui nouait la gorge. Elle avait d'abord constaté avec amusement, puis avec un intérêt croissant, qu'il cachait mal les ardeurs du soupirant sous la rigueur du producteur censé ne penser qu'au bon rapport de son investissement. Au cours de l'une des soirées intimes organisées par Amal, il fit, malgré lui, sa déclaration.

Elle était entourée d'un petit groupe d'officiers anglais et de cheikhs bédouins. Elle lui présenta le colonel Henry Hanlock, chef du service de renseignement, et il salua Randolph Churchill, en permission à Jérusalem, qui ajoutait à son prestige de fils du Premier ministre les atouts d'un physique de gladiateur de cinéma et d'un humour ravageur. Le major Power Barnes, gouverneur de Tibériade, assura l'avoir déjà vu quelque part.

Amal, en robe de soie blanche et souliers dorés, se laissait courtiser avec un sourire angélique. Elle touchait à peine aux plats, mais participait activement à la conversation, passant avec virtuosité de l'arabe à l'anglais ou au français.

Quand le champagne eut réchauffé l'atmosphère, elle accepta de chanter quelques airs de son djabal Druze. A une question qu'elle lui posait, il répondit sans réfléchir « oui, mon cœur ». C'était un de ces petits mots tendres qui n'ont pas de conséquence dans le milieu artistique, mais Randolph surpris fixa Amal d'un air interrogateur. Elle éclata de rire.

— Monsieur Salem vient de me compromettre. Il n'a plus le choix qu'entre deux possibilités : m'épouser ou se battre en duel contre vous, si vous voulez bien être mon chevalier.

Au milieu des rires, Ahmad entra dans son jeu.

— Je suis trop mauvais tireur pour affronter un officier anglais. Je préfère mille fois te demander de m'épouser.

Tous burent à la santé des fiancés. En levant son verre, il regarda Amal. Il avait l'impression qu'il ne s'agissait pas seulement d'une plaisanterie.

Le lendemain, il l'emmena dans un petit café au pied des remparts. En chemisier blanc et jupe bleu cobalt, elle avait l'air d'une petite fille. Elle lui montra du doigt la muraille à laquelle le soleil couchant donnait une teinte d'abricot mûr.

— Même dans un endroit comme celui-ci, je regrette Le Caire, dit-elle, rêveuse. La nuit, ce souvenir m'empêche de dormir. Je me lève, je fume une cigarette, je bois un whisky, je prends un bain très chaud, mais rien n'y fait.

— Tu y retourneras, répondit Ahmad d'un ton convaincu. Ce n'est qu'une stupide histoire de papiers. Toute l'Égypte t'attend.

— Mais les Anglais ne m'attendent pas, eux.

— Ils ne sont pas tout-puissants. Ils ont dû mettre de l'eau dans leur vin. Sais-tu que le Palais te réclame ? Farouk aurait dit que tu es victime de ton attachement à la couronne. Nous tournerons la dernière scène au Caire.

— Comment cela serait-il possible ?

Il la regarda tendrement.

— Tu pourrais y retourner à mon bras, par exemple. Tu n'es plus l'épouse d'un ministre syrien, mais tu pourrais être celle d'un producteur égyptien. Même sir Miles serait bien obligé de s'incliner. Je t'ai déjà dit que j'avais peur de me battre en duel avec le jeune Churchill, non ?

Elle rit. Décidément, cet homme lui plaisait. Il ne lui faisait pas la cour avec des fadaises, comme les autres. Il savait trouver les bons arguments. Il la raccompagna au King David et, après avoir fait mine de la quitter, entra dans la suite derrière elle. Elle se retourna, surprise. Il s'avança en souriant et la prit dans ses bras.

— Assez plaisanté, fit-il. Tout cela est très

sérieux. Nous nous marierons quand tu le voudras.

La nouvelle de leur mariage fit la une de la presse égyptienne. Tabeï leur envoya un télégramme de félicitations : « Marouk, marouk, mille marouks ! » Il était certain que cette idylle de feuilleton égyptien ne durerait que le temps d'une représentation.

Les démarches furent beaucoup plus compliquées que Ahmad Salem ne l'aurait cru. Il fallut encore une fois fournir au tribunal islamique un document officiel prouvant le divorce d'Amal et de Hassan. Elle eut un sentiment de déjà-vu. Le sort s'acharnait pour la maintenir hors d'Égypte. Deux fois deux mariages identiques. Non seulement elle avait épousé deux fois le même homme, Hassan son cousin, mais elle se trouvait encore une fois au bras d'un producteur avec la même obsession, dans les mêmes circonstances. Le religieux de Jérusalem qui les maria refusa de prendre en compte une répudiation rédigée sur un papier profane du casino du King David.

Ahmad dut se procurer les journaux du Caire qui avaient fait état de la séparation, et ces preuves ayant été jugées insuffisantes, payer deux piliers de mosquée qui se portèrent témoins de la répudiation. Puis, quand l'acte eut enfin été envoyé au Caire, il fallut attendre sa transcription.

Ahmad et Amal prirent patience. Malgré la guerre et les réticences d'Ahmad, la jeune femme finit par avoir la lune de miel qu'elle souhaitait. Ils louèrent un yacht à Haïfa et coulèrent quelques jours délicieux entre la Palestine et Chypre. Puis ils découvrirent, dans les hauteurs de Galilée, une vieille demeure qui avait des allures austères de forteresse, mais que son précédent propriétaire avait dotée de tout le confort. Randolph Churchill, qui faisait semblant de se considérer comme l'artisan de leur mariage, leur fit cadeau d'un perroquet auquel Amal tenta d'apprendre les premières notes de ses chansons les plus célèbres.

Pendant deux mois ils coulèrent des jours idylliques. Sa nouvelle existence plaisait à Amal et, un jour, Aïcha, ébahie, la vit mettre elle-même le couvert pour un déjeuner en tête à tête avec son mari. Ahmad, même au lit, n'avait rien du mâle arabe conventionnel. Jamais il ne se moquait de ses idées, même les plus folles : cultiver des légumes dans le Sinaï, faire enlever sir Miles par un commando druze, s'installer dans une villa de rêve à Hollywood, entre autres. Mais peu à peu son comportement changeait et il devenait jaloux. Sa passion lui faisait parfois perdre toute mesure. Quand il surprenait sur elle le regard d'un homme, qu'il s'agît d'un ami ou d'un simple domestique, il blêmissait et lui faisait presque peur. Le temps pressait. Le permis de séjour à Jérusalem était sur le point d'expirer. Amal ne pouvait s'attendre à aucun appui, ni de Churchill, ni de Haig. Dans six jours, elle devrait avoir quitté la Palestine. Elle était prise dans une souricière et ne pouvait aller nulle part. Ni en Syrie, où elle était exposée à la vengeance, ni en Jordanie, le roi Abdallah étant un fidèle allié des Druzes. Ahmad proposa donc de rentrer seul au Caire pour hâter les démarches que, de toute évidence, quelqu'un s'évertuait à compliquer.

Pour ne pas avoir affaire à Zaki bey, il s'adressa à son supérieur, Mohamad Ghazali, directeur de la Sûreté générale, qu'il connaissait depuis longtemps. Son ami le reçut chaleureusement mais son regard fuyant trahit son embarras, dès qu'Ahmad entra dans le vif du sujet.

— J'aimerais te dire que cela ne pose aucun problème, mais, hélas, il y en a un, et de taille. Les autorités supérieures ne demandent qu'à accueillir ton épouse, mais en tant qu'étrangère, en rétablissant son permis de séjour. Pas en tant qu'Égyptienne, cela n'est pas souhaitable en haut lieu.

Ahmad le fixa, doutant d'avoir compris.

— C'est idiot, voyons ! Je t'ai expliqué que je l'avais épousée pour lui permettre d'acquérir ma nationalité et de revenir ici en qualité d'Égyptienne. C'est pour cela que nous avons demandé la transcription du mariage. Et maintenant, tu viens me dire qu'elle reste une étrangère ! D'abord, qui sont ces autorités supérieures dont tu me parles ?

Le directeur de la Sûreté semblait gêné. Il leva les mains au ciel.

— Qui sont ces autorités ? Mais voyons, c'est toi qui poses cette question ? Qui veux-tu que ce soit ?

— J'ai deviné, hélas ! Encore une lubie de qui nous savons ! Bien. Alors, comment faire ? Où dois-je demander un permis de séjour pour elle ?

— Ton épouse vivant avec un permis de séjour dans ton pays ? Juridiquement, c'est une monstruosité, je sais.

— Mais alors ? Où est la solution ?

— Il n'y en a qu'une, mon pauvre ami. Il faut qu'elle redevienne syrienne. Qu'elle retrouve sa nationalité *ante nuptias*, d'avant le mariage si tu préfères.

— Et comment ?

— Par divorce.

Ahmad était un homme résolu et expéditif. Il haussa les épaules.

— Belle combinaison, vraiment ! Eh bien, nous divorcerons.

Il se mit en campagne, mais les difficultés naissaient sous ses pas. Le premier juge consulté exigeait, pour enregistrer la répudiation, la présentation d'un acte de mariage dûment approuvé par les autorités égyptiennes. C'était un cercle vicieux ! Mohamad Ghazali, appelé à la rescousse, se refusa à fournir la pièce requise : il ne pouvait pas, sauf à commettre un faux en écritures, faire état d'une approbation qui n'avait jamais été donnée. Finalement, un petit juge du tribunal de Saydet Zaynab se laissa convaincre, contre une jolie somme, de prononcer le divorce demandé. Les démarches avaient pris toute une semaine.

Ahmad retourna à Jérusalem avec le permis de séjour et exposa à Amal la situation. Il avait dû la répudier pour qu'elle redevienne citoyenne syrienne et ce faux divorce ne changerait rien à leurs rapports. Amal était furieuse qu'il n'eût même pas pensé à la consulter : depuis quelque temps, elle le trouvait bizarre et il la traitait comme un objet lui appartenant. Elle ne se fâcha pas pour autant : l'essentiel était qu'elle pût retourner en Égypte. Après tout, c'était grâce à l'intervention d'Ahmad qu'elle était tirée d'affaire. Qu'elle soit ou non mariée aux yeux de la loi ne lui paraissait pas le plus important.

La Silver Cloud ramenait Amal au Caire avec ses douzaines de malles. Dès qu'ils eurent franchi la frontière, Amal se plongea dans la contemplation du paysage. Elle était enfin en Égypte, et tout lui semblait plus beau qu'ailleurs. Elle dit à Ahmad qu'elle avait fait un vœu et qu'elle l'accomplirait dès le lendemain : elle irait en pèlerinage dans trois lieux saints : la mosquée de Saydet Zaynab, les églises Sainte-Thérèse et Saint-Georges, et la synagogue de...

— Des églises, des synagogues ? dit-il, choqué.

— Nous autres Druzes, nous ne sommes pas comme vous. Nous pouvons rencontrer Dieu partout.

Le lendemain, elle demanda à Mary, aussi surprise qu'Ahmad par ces curieuses actions de grâces, de l'accompagner. Elle avait pour Dieu, qui l'arrachait enfin à son exil, une reconnaissance infinie, mais elle commençait à se poser quelques questions sur l'homme qui, aux yeux de la loi, avait cessé d'être son mari.

Le couple s'installa d'abord dans l'appartement d'Ahmad, qui occupait tout le dernier étage d'un immeuble moderne à Héliopolis, mais Amal ne put s'habituer à ce nouveau cadre loin du centre. Au bout de quinze jours, elle expliqua à Ahmad qu'elle avait toujours vécu chez elle et entendait ne pas rompre avec cette habitude. Il aurait, bien entendu, les clés de son domicile et y serait le bienvenu à toute heure du jour et de la nuit. Mais en fait, elle s'était lassée de ses scènes de jalousie et avait besoin de prendre ses distances. Quant à la vie d'hôtel, elle n'en voulait plus.

L'appartement que Mary avait aménagé pour elle dans un style austère n'était plus libre ; elle découvrit à Zamalek un bel appartement qui la séduisit d'emblée et s'y installa avec soulagement.

Deux mois passèrent. Un soir, elle téléphona à Mary d'une voix si étrange que celle-ci, toutes affaires cessantes, accourut. Aïcha, dès qu'elle la vit sur le seuil, leva les bras au ciel et se lança dans des lamentations. La Sitt était dans sa chambre et parlait toute seule. Quand elle lui avait apporté le repas elle lui avait lancé l'assiette au visage. La pièce était sombre et Mary évita de justesse une table basse encombrée de cendriers pleins de mégots. Amal, pelotonnée dans son lit, le visage tourné vers le mur, se redressa et lui fit face. Ses traits étaient bouffis. Elle avait bu ou pris trop de calmants.

— Les hommes sont immondes, dit-elle.

— Ahmad t'a encore fait une scène ?

— Qui te parle d'Ahmad ! J'ai appris hier qu'Hassanein avait, pendant mon absence, épousé en secret sa Nazli. Un mariage morganatique.

— Morganatique, répéta machinalement Mary. En es-tu sûre, au moins ?

Elle avait eu besoin de tout son flegme britannique pour ne pas montrer sa surprise. Amal avait donc renoué avec le grand chambellan alors qu'elle la croyait encore tout occupée de son producteur !

— Oui, j'en suis sûre. Je vais exiger une explication. Et qu'il n'aille pas me dire, pour sa défense, que je me suis mariée moi aussi. Cela n'a rien à voir. D'ailleurs, cela va de plus en plus mal avec Ahmad. Si tu le voyais quand il me fait ses scènes ! Il tremble comme une feuille. Il doit être malade. Il passe son temps à m'épier. Justement, l'autre jour, il m'a surprise quand je sortais de chez Hassanein. Je lui ai dit qu'il était un admirateur de ma voix et qu'il me conseillait dans le choix de mes chansons, mais j'en ai assez de me cacher. Je vais lui dire la vérité !

— Mieux vaudrait le quitter. Vous n'êtes même plus mariés.

— Tu dois avoir raison, mais peux-tu me dire pourquoi, avec les hommes, cela ne marche jamais. Sauf avec un Evett ou ses pareils. J'ai divorcé deux fois de Hassan, j'ai divorcé de Badrakhane, de Ahmad. J'ai l'impression de faire dix prises de la même scène !

— Tu as ton travail...

— Parlons-en ! Ahmad a perdu la tête. Il ne fait plus rien pour moi. D'ailleurs, le film est fini. Et Hassanein qui m'a menti ! Quant à Mohamad Tabeï, il fait semblant de ne plus me connaître. Quand je lui téléphone au journal, on me dit qu'il n'est pas là.

— Pense à ton public. Tous ces gens qui t'aiment, t'admirent et attendent tes films et tes chansons.

— Par moments, j'ai l'impression de ne pas avoir de public. Les Arabes ne me comprennent pas, les Anglais me pendraient volontiers.

— Il y a ce film en Amérique.

— Oui, mais quand ? La guerre n'est pas finie. Je suis fatiguée de tout. La simple idée de recommencer demain matin, d'affronter les jours, les semaines, les saisons, m'épuise. Même mon Coran ne m'aide plus. Le Miséricordieux a détourné les yeux de moi ?

Cette fois, c'était un appel au secours dans les formes. Mary avait assez longtemps attendu ce moment pour tenir une réponse prête.

— Je crois que tu devrais enfin t'occuper de toi et de toi seulement. Les Espagnols ont un mot pour cela, *asimismarse*, se transformer en soi-même. Cesse de tourner en tous sens, de t'affoler comme une boussole qui cherche son nord. Il faut savoir faire retraite comme les fauves qui lèchent leurs plaies ou les moines qui cherchent Dieu dans le désert.

— Comme tu te réfugies dans la peinture à Garden City.

— Si tu veux. L'art est aussi un moyen de survivre. Réfugie-toi dans le tien.

— On peut aussi se tuer. C'est plus simple !

L'idée de la mort d'Amal était si insupportable à Mary qu'elle devint sarcastique.

— Alors, tu vas être obligée de te noyer dans ta baignoire ! Tu n'as pas oublié la prédiction de ta voyante ?

Amal semblait près de se rendormir. Elle murmura :

— Hassanein le menteur. Ahmad le fou ! Mohamad le lâcheur. Tous des traîtres !

— Sauf Evett.

— Oui, sauf celui qui m'ennuie !

— Crois-moi, répondit Mary en se dirigeant vers la porte, une femme qui est trahie doit savoir rompre la première.

Mary était hors d'état de sentir combien sa voix était amère. Elle s'installa au volant avec un sentiment poignant d'échec. Si elle avait su rompre la première, elle n'en serait pas arrivée là.

Le petit appartement du Caire, que Hassanein appelait d'un mot français sa « garçonnière » et prêtait volontiers à ses amis pour des parties fines, était situé dans une petite rue tranquille de ces quartiers résidentiels qui, par opposition à la folle animation du centre, paraissent presque déserts. Dès qu'Amal eut sonné à la porte du premier étage, un Nubien en gants blancs l'ouvrit et s'effaça comme un mirage. L'intérieur semblait n'avoir jamais reçu l'empreinte d'une main féminine. Ni fleurs, ni commode, ni chemin de table ; la pièce, tendue d'une toile gris perle, était meublée d'un divan et de deux fauteuils carrés aux accoudoirs lisérés de nacre. De grandes fenêtres donnaient sur un balcon de pierre sculptée, protégé du soleil encore vif par un store vert strié de blanc.

Elle s'avança, attirée par la vue sur le fleuve.

Elle savait ce qu'elle allait lui dire, mais craignait de perdre son calme. Hassanein ne vit d'abord d'elle que la sihouette à contre-jour et la coiffure qui lui avait tant plu la première fois, chez le roi. Dans la torsade, elle avait planté un peigne d'écaille blonde. Sa robe légère était maintenue, dans le dos, largement découvert, par une grosse boucle froncée et, à son habitude, elle ne portait pas de soutien-gorge. Quand il vint vers elle, elle se retourna d'un mouvement souple.

— Soyez la bienvenue, Madame Asmahane.

Elle hésita un instant avant de répondre, comme l'exigeait leur rituel amoureux.

— Dieu vous garde, Monsieur le Pacha Grand Chambellan.

Il la prit dans ses bras et l'embrassa doucement sur la bouche. Ses yeux étaient de la couleur du Nil.

— La vue est sublime, dit-elle. Comment ai-je pu me passer de cela si longtemps ? Heureusement que mes puissants amis ont réussi à me faire revenir.

Son sarcasme ne le surprit pas. Elle lui en voulait encore de n'avoir rien fait pour elle auprès de Farouk. Il s'était abstenu d'intervenir, parce qu'il savait trop bien que le roi se serait fait un plaisir de rapporter à Nazli le moindre mot en faveur de sa rivale. Mais il restait toujours aussi épris et il avait été heureux de constater qu'elle reprenait, comme si rien ne s'était passé, le rythme de leurs rendez-vous clandestins.

Il sourit et alla s'asseoir dans l'un des fauteuils. Elle se posa sur le sol devant lui, légère comme une fleur coupée. Étonné par la force de son désir, si longtemps après le début de leur liaison, il retira le peigne de sa chevelure. Il se demandait si la grosse boucle de satin de la robe était un simple ornement. Dans ce cas, en s'escrimant à le défaire, il risquait d'être ridicule. Mais quelque chose dans son attitude lui disait qu'elle n'était pas venue pour se jeter dans ses bras.

— Moi, je ne suis pas aussi prudente que toi, reprit-elle. Regarde ma main !

Elle lui tendait sa petite main brune qu'il baisa.

— Ce n'est pas ce que je te demande ! Regarde ! Tu ne remarques rien ? Je n'ai plus d'alliance. Je l'ai jetée dans le Nil en venant ! Je croyais que nous avions seulement fait semblant de divorcer, Ahmad et moi, et je l'avais gardée. Mais c'était un vrai divorce. C'est fini et bien fini ! D'ailleurs, je lui ai dit que tu étais mon amant.

Hassanein se rembrunit. Ahmad Salem était homme à faire un beau scandale.

— Cette révélation n'était pas indispensable, mais enfin... ! soupira-t-il. Comment ce pauvre Ahmad a-t-il réagi ?

— Fou de jalousie ! Il paraît qu'il m'aime avec passion et que c'est cela qui l'a sauvé du suicide.

— Mais dans quel état l'as-tu laissé ?

Sa fausse sérénité ne lui disait rien de bon. Elle ne pouvait s'empêcher, en lui parlant, de passer dans sa chevelure une main qui tremblait légèrement.

— Il est rentré chez lui en menaçant de me tuer et de se tuer ensuite. Il ne me fait pas peur, tu sais !

— Pourquoi vous étiez-vous disputés ?

— Nous ne nous étions pas disputés. Je ne voulais pas continuer à mentir. Je pense qu'il ne faut pas mentir aux gens qui prétendent vous aimer. Tu prétends m'aimer, n'est-ce pas ?

L'éternelle question, que même cette femme, si différente des autres, ne pouvait s'empêcher de poser. Il eut envie, un instant, de lui répondre avec sincérité : je t'aime comme tu m'aimes, c'est-à-dire dans la mesure où nous sommes tous deux capables d'aimer. Il se leva pour aller chercher, dans le petit meuble de palissandre, la bouteille de whisky. Le Nubien, dans un tel moment, était un témoin indésirable.

— Je ne prétends pas t'aimer. Je t'aime. Je n'aime pas seulement la femme qui triomphe sur les planches, mais j'aime l'autre, celle qui ne supporte pas les faux-semblants. Je te comprends et je t'approuve. Mais il n'était pas nécessaire de tout dire à Ahmad. Tu sais que, dans ce pays, je ne suis pas vraiment ce qu'on appelle une personne privée ! J'ai beaucoup d'ennemis.

Elle le regarda dans les yeux. Il ne la bernerait pas avec ses beaux discours.

— Moi aussi, j'intéresse le public. Moi aussi, j'ai des ennemis. La seule différence entre nous c'est que je n'ai pas honte d'être la maîtresse de Hassanein pacha.

Sa fausse sérénité s'était dissipée d'un seul coup. Dans sa colère, elle trépignait en regardant de tout côté. Il savait bien ce qu'elle cherchait, et se félicita de n'avoir jamais placé le moindre bibelot dans ses garçonnières. Elle jeta son verre contre le mur.

— Pourquoi me l'as-tu caché ? Je veux l'entendre de ta bouche. Avoue !

— Qu'est-ce que je t'ai caché ? Que veux-tu que je t'avoue ? dit-il en lui saisissant les poignets.

— Tu le sais très bien, ne fais pas l'innocent. Tu as épousé Nazli en secret.

— D'abord calme-toi. Nous ne sommes pas sur un plateau de cinéma. Ensuite, qui t'a raconté cela ?

— La princesse Chievikar.

Il aurait dû s'y attendre. Chievikar n'avait pas supporté qu'il donne à Nazli, son ennemie, cette satisfaction qu'elle exigeait depuis dix ans. Mais qui avait si vite informé la princesse ? Farouk, seul à être dans le secret, avait solennellement juré de ne rien dire. Il n'avait rien eu de plus pressé que de trahir sa mère et son conseiller. Le sale gosse, en lui, avait pris le pas sur le gentleman. Hassanein avait une longue expérience des crises de nerfs féminines. Il se glissa dans le rôle qui convenait.

— Ne donne pas à cette histoire plus d'importance qu'elle n'en a, ma petite fille.

— Ce n'est pas ton mariage secret ! Marie-toi avec qui tu veux, je m'en moque. C'est ton mensonge ! Je t'avais placé trop haut, à la droite de Dieu. Je croyais que tu ne mentais qu'en politique. Je m'aperçois que tu es comme tous les autres. Un traître.

Elle le fixait, pâle de colère et de mépris.

— Je te l'aurais dit tôt ou tard. Le moment n'était pas venu.

— Est-ce que tu t'imagines, Hassanein pacha, parce que des imbéciles à tarbouche te font des génuflexions, que moi, Amal al-Attrach, je suis ta chose et que tu as le droit de me mentir ?

— Je ne t'ai pas menti, je te le répète. Je te l'aurais dit un peu plus tard.

— Plus tard ? Tu m'as caché la vérité, tu m'as traitée comme l'une de tes maîtresses ordinaires. Voilà ce que je te reproche. Ce n'est pas d'avoir épousé la reine mère ! Au contraire, je vous souhaite beaucoup de bonheur à tous les deux ! Faute de plaisir au lit !

Elle éclata en sanglots.

— Mais, voyons, ma petite fille...

— Ne m'appelle plus ma petite fille ! Tu n'as jamais été mon père, et tu n'es plus mon amant. Tout est fini entre nous !

Il se leva et alla jusqu'à la fenêtre. Sur le Nil, dans la lumière rose des fins d'après-midi, une felouque chargée de pierres griffait l'eau verte. Depuis des milliers d'années on faisait venir du Sud, sur des bateaux comme celui-ci, le marbre et le granit des Pyramides. Elles s'étaient effritées et s'effondreraient un jour. Le temps venait à bout de tout. Cela valait pour tous les destins, de celui de la reine Cléopâtre à celui de la petite vendeuse de chapelets d'ambre de la rue des Sycomores. Cela valait aussi pour les amours de Hassanein pacha. Il entendit la porte claquer dans son dos et ne se retourna pas.

Le lendemain, Amal décida de changer de coiffure. Elle avait l'impression, en se coupant les cheveux, de se défaire de la part morte de son existence. Rentrée chez elle, elle s'empara de son press-book et se jeta sur son lit. Elle ne se reconnaissait pas et était indifférente aux éloges hyperboliques de la presse arabe. Elle allait avoir trente ans. Sa fille, sa seule vraie réussite, était loin d'elle. Mary, sa plus proche amie, l'idolâtrait sur un malentendu : ce n'était pas de ce genre de passion qu'elle pouvait se satisfaire. Mohamad Tabeï la fuyait comme s'il avait peur d'elle. Et maintenant, Hassanein, qu'elle avait cru sincère avec elle seule, l'avait trahie ! Elle divertissait un peuple de crétins ! Oui, sa vie était un échec déguisé en triomphe. Où était la légèreté de son enfance, l'impression de pouvoir à chaque instant s'envoler comme une hirondelle ?

Elle claqua des mains. Aïcha porta le narguilé sur le balcon pour que l'air frais ravive les braises du foyer de céramique. Amal y ajouta elle-même les charbons qui firent jaillir de petites flammes. En inhalant la fumée, douce et âcre à la fois, du mélange qui donnait l'oubli, elle se sentit gagnée par une plénitude lasse, une indifférence souveraine, une réconciliation avec son corps comblé, comparable seulement à ce qu'elle avait éprouvé pendant sa grossesse. Puis les images vinrent en foule. Des Druzes en saroual et des Anglais en short. Camélia sur une balançoire près d'un mur de basalte, puis un tourbillon d'eau verte.

— Tout va bien ? Tu ne planes pas trop ?

Elle tourna la tête avec peine. Mary, adossée à la porte-fenêtre, la regardait avec inquiétude.

— Ah, c'est toi ! Je ne plane pas du tout. Je suis sous l'eau.

— As-tu des nouvelles d'Ahmad ?

— Non. Qu'il aille au diable ! Tu sais, j'ai jeté mon alliance dans le Nil. Mon prochain mari sera un poisson ! Et j'ai rompu avec Hassanein.

Elle se leva, alla dans la salle de bains et se passa de l'eau fraîche sur le visage, puis revint dans le salon, saisit Mary par le bras au passage et l'entraîna sur la terrasse. L'horizon était un trait noir d'une parfaite rectitude. Après tout, Dieu faisait les choses simplement. Elle aussi voulait simplifier sa vie.

Peu avant minuit, Ahmad fit irruption dans sa chambre. Amal, devant son miroir, essayait une robe du soir qu'il ne lui connaissait pas. Aïcha, qui l'aidait, se réfugia dans un coin de la pièce.

— Ton pacha donne un bal costumé ?

Elle sentit une telle fureur dans sa voix qu'elle tenta de détourner le sujet.

— C'est une robe que je n'avais pas mise depuis longtemps. Je l'avais achetée peu avant la guerre. Je me demande si elle me va toujours.

— Elle te va à merveille puisqu'elle te donne l'air d'une putain ! Ton pacha aime les putains ?

Elle bondit.

— Je t'interdis de me parler de cette façon ! Dieu miséricordieux ! Es-tu devenu fou ?

Il poursuivait, avec l'obstination des ivrognes.

— Une putain est une femme qui se fait baiser par de vieux messieurs haut placés.

Dans son état, il était impossible de le raisonner. Mieux valait jouer l'indifférence.

— Aïcha, s'il te plaît, dit-elle calmement, tire la fermeture Éclair dans mon dos. Mais doucement, tâche de ne pas me pincer comme la dernière fois. Tu m'as laissé une marque !

Surprise par un cri de la servante, elle tourna la tête. Ahmad, blême, braquait sur elle un revolver.

— Où vas-tu, chienne en chaleur ? Qui va te couvrir, cette nuit ? Ton amant Monsieur le Grand Chambellan Hassanein pacha ? Un

Anglais de l'ambassade ? Le général français ? Ou l'âne du marchand de légumes d'en bas ?

Elle se sentit glacée de terreur, incapable de faire le moindre mouvement. Il allait presser sur la détente et la visait à la hauteur du cœur. Il voulait la tuer, cela ne faisait aucun doute. Soudain, la panique qui la paralysait se transforma en énergie brûlante, une vague énorme. Elle se retrouva dans l'office, sans savoir comment elle y était arrivée, et décrocha le téléphone fixé au mur, mais dans son affolement ne put se rappeler le moindre numéro. Il fallait pourtant donner l'alarme, trouver du secours contre ce forcené. Elle saisit sur la table une lourde coupe de faïence et la lança de toutes ses forces à travers la vitre qui donnait sur la rue. Le fracas suscita aussitôt des cris d'effroi et, au bout de quelques minutes qui lui parurent interminables, elle entendit frapper. La voix d'Ahmad, méconnaissable, s'éleva du fond de l'appartement.

— Qu'y a-t-il ? Que voulez-vous ?

— Ouvrez ! Police !

L'office était proche de la porte. Elle pouvait y arriver avant lui. Elle se précipita, décrocha la chaîne de métal, et se trouva face à un officier flanqué de deux hommes. Ils n'avaient jamais vu une femme en robe du soir ?

— Que se passe-t-il ici ? Avez-vous besoin d'aide, madame ?

Ahmad accourait, titubant comme un dormeur réveillé en sursaut, l'arme pendant au bout du bras.

— Ce n'est rien, dit-il d'une voix pâteuse. Un petit désaccord entre ma femme et moi. De toute façon, il existe une solution à tous les problèmes. Savez-vous ce que c'est qu'une putain, lieutenant ?

Il dirigea l'arme vers sa tempe et l'officier se rua sur lui. Amal eut l'impression que le temps se dilatait. Elle entendit une détonation, vit Ahmad reculer, puis une tache sombre s'élargir à la hauteur du cœur sur l'uniforme du lieutenant qui, l'air étonné, se pliait en avant et glissait sur le sol. De la cage d'escalier montaient des hurlements stridents de femmes. Elle perçut, comme en rêve :

— On a tiré chez la chanteuse !

— Asmahane a tué Salem bey !

— Mais non. C'est lui qui l'a tuée parce qu'elle le trompait !

— Pas du tout. Les policiers les ont tués tous les deux !

— C'est elle qui a tué un lieutenant de police !

Elle frissonna. Le scandale allait être énorme. Cette fois, on la jetterait en prison. Elle s'engouffra dans l'escalier et, arrivée dans la rue, héla un taxi.

Au matin, elle regarda avec étonnement la chambre dans laquelle elle s'éveillait, et ne se souvint de ce qui s'était passé qu'au moment où Mary ouvrait la porte.

— Alors, tu te sens mieux ?

— Est-ce qu'il est mort ? Ne me cache rien !

— Ahmad est dans le coma et le lieutenant de police est mort. Toute l'affaire est dans le journal de ce matin. Mohamad a téléphoné trois fois. Mais rassure-toi, on ne te met pas en cause : on parle d'accident, de folie... Ils disent qu'Ahmad était un bon musulman et ne buvait jamais, mais qu'en perdant la tête, il s'est mis à boire et que l'alcool est responsable de tout. Toi, tu voulais l'empêcher de boire. Tu es considérée comme une victime et un témoin.

Dans les semaines qui suivirent, Amal n'eut à subir que l'interrogatoire d'un inspecteur qui vint chez elle et lui demanda humblement pardon de l'importuner. Hassanein, cette fois, était intervenu, et on la ménageait sur son ordre. Très vite, elle ne garda de cette affaire que le souvenir d'une scène de mélodrame. Toutefois, elle ne pouvait s'ôter de l'esprit qu'elle devait cette mesure de faveur à la reine Nazli qui la traitait comme une rivale vaincue, sur laquelle il était inutile de s'acharner. A cette pensée, Amal se sentait aussi pitoyable et ridicule que le jour de son premier mariage à Soueïda, quand un scarabée tombant de ses cheveux l'avait terrorisée, faisant rire les femmes, qui, autour d'elle, jouaient du tambourin.

Heinz Altmann lui fut d'un grand secours dans cette période difficile. Il était désolé des conséquences de sa suggestion de voyage à Ankara et déplorait autant qu'elle l'étroitesse d'esprit des Britanniques. Les séances de travail en commun reprirent, à un rythme un peu moins soutenu. Le scénario avançait et elle en était très satisfaite. Le Suisse n'aimait pas la mièvrerie : la femme qu'elle incarnerait devait ressembler trait pour trait à la star qu'elle allait devenir. Amal n'avait pu s'empêcher d'avouer qu'à son grand regret aujourd'hui, elle avait accompli une mission pour le compte des Britanniques. Elle regrettait désormais que le contact avec les Allemands se soit mal déroulé. Certes, le vent de la guerre semblait avoir tourné après Stalingrad et l'échec de Rommel, mais il ne fallait pas se fier aux apparences ; Altmann savait de source sûre que le Reich était en train de mettre au point une bombe d'un type nouveau, et cette arme secrète terrifiante déciderait de l'issue du conflit.

Au fil des semaines, beaucoup de visages familiers avaient disparu autour d'Amal. Elle était délivrée d'Ahmad et de Hassanein. Mad Jack avait dû gagner son exil africain et lui adressait d'épaisses lettres qu'elle ne prenait pas la peine d'ouvrir. Les Collet avaient suivi de Gaulle à Alger, et elle reçut d'Anne quelques lignes amicales lui donnant rendez-vous bientôt dans Paris libéré. Les officiers britanniques, chapitrés par Spears, s'écartaient d'elle pour ne pas connaître le sort d'Evett. Freya Stark multipliait les voyages mystérieux ; Lawrence Durrell ne quittait presque plus Alexandrie, où il s'était abîmé dans la rédaction d'un grand cycle romanesque. Elle ne le vit qu'une fois, et il lui dit en souriant d'un air entendu qu'elle était l'un de ses modèles pour une certaine Justine. Mohamad se faisait de plus en plus discret. Seule Mary était fidèle au poste, avec ses critiques parfois aigres que démentait son regard. Elle l'agaçait toujours autant.

Délivrée d'Ahmad et de Hassanein, Amal se sentait libre comme elle ne l'avait jamais été, elle se sentait redevenir jeune fille. Elle enregistrait de nouvelles chansons, acceptait les récitals qu'on lui proposait. Mais elle ne pouvait plus retourner à Soueïda, certains membres du clan ayant assuré publiquement, après son deuxième divorce, qu'elle n'en sortirait pas vivante. Cependant, Hassan n'était pas homme à faire payer à la mère les fautes de l'épouse. Il envoyait Camélia à Damas sous bonne garde quand Amal voulait passer quelques jours avec elle. Il autorisa même sa fille à aller au Caire pour une semaine enchantée ; Amal lui fit visiter les studios Misr et assister au tournage de quelques scènes d'un film. Avec l'enfant, elle avait l'impression enivrante de voir pour la première fois la métropole ; Camélia s'émerveillait de tout : de l'animation des rues, du nouvel appartement, de la largeur du Nil, des flamboyants qui tiraient leur feu d'artifice en plein jour. Elle fit la conquête de Mary qui l'emmena au Musée mais ne parvint pas à lui faire surmonter son effroi devant les momies.

Un soir, peu après le départ de l'enfant, Amal dit à son amie : « Je suis enfin à ma place. Jusqu'ici, on s'était servi de moi et je n'avais prise sur rien. C'est fini. Il fallait que je me débarrasse d'une foule de choses et de gens ! » Elle lui demanda de décorer son nouvel appartement : quelque chose de très simple ; elle ne voulait plus de désordre ailleurs que dans sa chambre. Elle sortait moins, ne buvait presque plus, attendait dans une sérénité qu'elle n'avait jamais connue quelque chose qui devait se produire, mais elle ne savait pas quoi. Par moments, elle songeait à la prédiction de la voyante mais elle n'en avait plus peur : la certitude de ne rien pouvoir changer à son destin était, au bout du compte, plutôt rassurante. Le vieux marchand de foul en bas de l'immeuble avait bien raison avec son éternel *mektoub* !

Un autre soir, Mary la trouva dans un état d'excitation qu'elle ne lui avait encore jamais vu.

— Heinz a envoyé son scénario à la MGM et ils l'acceptent. Ils le tourneront dès que la guerre sera finie ! Allons au Mena House boire du champagne ! La seule idée d'aller en Amérique me donne l'impression de me lever d'un fauteuil roulant. Pas question de prendre le bateau. On doit pouvoir abréger les délais ! Je prendrai l'avion de Lisbonne !

Mary essaya d'être aussi joyeuse qu'elle mais n'y réussit pas. Pourquoi ne parvenait-elle pas à croire à la bonne nouvelle ? Ce « journaliste suisse » ne lui inspirait pas confiance. Pourtant, il travaillait sérieusement, elle avait vu de ses yeux le télégramme demandant au Dr Baida de prêter sa vedette. Amal pouvait tourner un film aux États-Unis et, même, devenir une star d'Hollywood. N'avait-elle pas, comme Garbo, quelque chose d'un Sphinx ? Oui, pourquoi cette deuxième carrière lui semblait-elle aussi imprécise qu'un nuage ?

— En attendant ton triomphe à Hollywood, nous allons toujours demain à Ras el-Barr ? demanda Mary.

— Bien sûr.

— Je croyais que Djaafar était malade. Tu n'aimes pas que quelqu'un d'autre conduise ta Rolls.

— Oh, pour cette fois, j'accepterai le remplaçant. Ce n'est vraiment pas le moment de faire des caprices !

Mary ne pouvait qu'approuver, mais elle n'était pas convaincue de la sincérité d'Amal. Le temps des caprices ne finirait jamais. Nous n'étions que le 14 juillet 1944 et... tous ces quatre, au dire de la voyante, n'annonçaient rien de bon.

Quand la Silver Cloud passa devant un grand jardin, Amal eut la vision fugitive d'une femme poussant, sur une balançoire, une fillette qui riait aux éclats. Des larmes lui montèrent aux yeux. Cette mère et sa fille jouant ensemble l'anéantissaient. N'aurait-elle pas dû aller plutôt à Soueïda passer ces quelques jours de repos ? Hassan lui avait fait savoir qu'il organisait une fête pour l'anniversaire de Camélia et que le Conseil des Sages avait déclaré qu'il tolérerait sa présence, à titre exceptionnel, pour quelques jours. C'était l'occasion de revoir sa fille, de la prendre dans ses bras avant qu'elle oublie son odeur. Elle se jura qu'elle ne s'en séparerait plus, qu'elle obtiendrait de son père qu'il l'emmène en Californie pour le tournage du film. Mais pour l'anniversaire, il était trop tard. Les cadeaux qu'elle lui avait fait expédier — une douzaine de peluches de chez Fortnum's & Mason — consoleraient l'enfant et lui feraient prendre patience. Elle étendit les jambes et remonta l'épaisse vitre pour se protéger de la chaleur et des flonflons qui venaient du palais d'Ezbekieh. Tous les cent mètres, des soldats égyptiens étaient fichés dans une immobilité de soldats de plomb. Il y avait beaucoup plus d'enfants que d'ordinaire sur les trottoirs, et elle se souvint que Farouk avait eu, un mois plus tôt, un grave accident sur la route des Pyramides, au volant de l'une de ses trente voitures de sport. Il n'avait été que légèrement blessé et l'on célébrait son rétablissement par un jour férié. Les écoliers avaient congé. Elle se tourna vers Mary, intriguée elle aussi par cette ambiance de fête.

— C'est en l'honneur de notre gros verrat. Il a recouvré la santé. En Amérique, ce genre de spectacle me sera épargné.

Un policier fit un signe, la Silver Cloud freina dans un chuintement, et cinq motocyclistes disposés en quinconce passèrent, précédant une longue Packard décapotable. Bardé de médailles et coiffé d'un éclatant tarbouche, Farouk saluait son peuple d'une main tandis que des hommes brandissaient vers le ciel des bambins comme pour demander au roi une bénédiction. La clameur retomba d'un coup après le passage de la voiture royale. Qu'il ait cédé assez piteusement aux exigences anglaises ne semblait pas avoir rendu Farouk impopulaire. Elle se dit avec un certain plaisir qu'un jour les Allemands lui feraient payer sa lâcheté et, pour oublier ce sujet déplaisant, elle demanda par le téléphone intérieur au chauffeur d'allumer la radio. Elle espérait qu'il ne tomberait pas sur Oum Kalsoum, qui régnait sur tous les programmes arabes, de Rabat à Alep, mais ce fut bien la voix de l'Orchidée du Caire qui jaillit des haut-parleurs. Elle la fit taire aussitôt : non, ce n'était plus de ce triomphe-là qu'elle rêvait. Elle sortit de son sac en peau d'autruche un petit atomiseur d'eau de violette, présent de Mohamad, s'en parfuma la gorge, les épaules et le creux du coude. Elle aimait cette senteur volage et têtue qui s'évanouissait devant la fumée d'une cigarette pour mieux renaître ensuite. Elle se tourna vers Mary.

— Le Nil, cet éden qu'est l'Égypte et ce flamboiement rouge là-bas ! Voilà mes raisons de vivre. Ce n'est pas une plaisanterie, je t'assure ! Tu viendras me voir ?

— Certainement. Je me verrais bien nommée là-bas

Mais pourquoi ne pouvait-elle croire à ce qu'elle disait là ? Non, elle ne se voyait pas à Los Angeles. Ni au Caire, ni à Londres. Elle ne se voyait nulle part.

La voiture roulait. Des châteaux d'eau, des bouquets de palmiers, une bande de garçons à demi nus qui nageaient dans l'eau sombre. Des hommes escaladaient les poteaux télégraphiques pour y coller des portraits de politiciens. Puis la banlieue se diluait et le Nil reparaissait, brun et flegmatique, monstre silencieux, blasé face à l'effritement des siècles. Virage à droite, virage à gauche... Amal avait, elle aussi, l'impression de dériver. Elle luttait contre l'envie de bâiller, songeait à son père, à ses frères. Mohamad Tabeï ? Elle essaya ce nom sans rien éprouver désormais. Seul celui de Camélia lui déchirait encore le cœur. Le ronronnement souple du moteur l'engourdissait, mais n'était-ce pas plutôt le murmure du fleuve qui, peu à peu, l'anesthésiait ?

Elle se souvint. C'était peu après leur arrivée en Égypte. Elle avait dix ans et était tombée dans le Nil en tentant d'attraper une chélydre. Elle glissait dans la vase noire. Il n'y avait plus rien que le silence et un lent froissement de papier. Il lui semblait voir le corps d'une fille, qui n'était pas elle et qui emportait tout ce qui, dans sa vie, l'encombrait. La douleur avait cédé la place à une torpeur réconfortante.

La voiture ralentit puis fit halte devant une pompe à essence ; Amal vit le chauffeur descendre lestement. C'était un remplaçant, elle ne le connaissait pas. Trapu et musclé, il ressemblait plus à un militaire qu'à un domestique. Le pompiste, actionnant d'une main son levier, lui montrait une grande tache noire sur la chaussée. Elle baissa la vitre, curieuse de savoir de quoi il s'agissait.

— C'est une bombe italienne, tout au début de la guerre, disait l'homme. Elle a touché un camion anglais chargé de munitions. On a entendu le bruit jusqu'à Alexandrie. Il y a eu trois morts dans la maison que vous voyez là. J'étais parti la veille. Ce n'était pas encore mon heure. Mektoub !

Il dévisagea les passagères et s'interrompit.

— Tu crois qu'il m'a reconnue ? demanda Amal.

Mary haussa les épaules. On voyait sa photo dans tous les journaux, elle avait tourné trois films à grand spectacle, et elle s'imaginait peut-être pouvoir voyager incognito ! Au bord de la route, deux fellahs accouraient déjà et, appuyés sur leurs faux, ils regardèrent les passagères : comment avaient-ils été prévenus si vite ? En voyant briller le métal des lames, Amal éprouva de l'angoisse. Elle tira du coffret qui lui faisait face un flacon et un verre, et but d'un trait.

Pour la centième fois, elle fit ses plans. Le tournage d'*Intissar al Chahab* était presque terminé et elle n'attendait pas grand-chose de ce film. C'est pour le cachet qu'elle avait accepté. Le sujet était banal et le metteur en scène dépourvu de talent. Depuis son enfance, l'imposant lion rugissant de la MGM hantait ses nuits. Bien sûr, elle reviendrait en Égypte, mais elle pourrait repartir de temps à autre pour un tournage à Hollywood.

Elle ne put s'empêcher d'extraire de son sac son petit agenda de cuir fauve. Combien de fois l'avait-elle ouvert, ces derniers jours, à la page où elle relisait la ligne magique *Vol 619 pour New York via Lisbonne* ? Une brume de chaleur montait de la route et deux enfants faisaient de grands signes des bras dans l'espoir fou que les occupants de la voiture s'arrêteraient pour marchander leurs poires vertes et leur maïs doux. Elle aussi avait été pauvre mais la chance avait tourné. Elle ordonna au chauffeur de s'arrêter, bondit de la voiture et donna à chacun des deux enfants stupéfaits un billet de cinq guinées. Puis la Rolls repartit, longea une plantation de jeunes arbres et une clôture de barbelés qui portait un écriteau, « DANGER », à demi effacé. Quel danger pouvait-elle encore redouter ? Bientôt, elle serait de l'autre côté de l'Atlantique...

Plus que cinq kilomètres. Elle croyait déjà voir la villa blanche, les palmiers si raides qu'ils semblaient faits d'un métal découpé sur le bleu du ciel. On entrait dans le lacis des canaux d'irrigation. Le halètement régulier des pompes lui fit rejeter nerveusement en arrière les mèches qui lui tombaient devant les yeux.

Quelques minutes plus tard, la voiture longea un canal. Amal ne comprit rien à ce qui soudain se passa : le chauffeur donna un coup de volant en direction de l'eau sombre, ouvrit la portière, bondit de son siège et s'enfuit en courant. Elle sentit le sol meuble se dérober sous les roues. Très loin, une femme hurlait. Elle s'aperçut avec stupeur que le cri sortait de la bouche de Mary, toute proche.

Mohamad Tabeï eut un haut-le-cœur et fit disparaître sous une pile la photo prise par la police. Deux femmes étaient couchées côte à côte sur un sol marécageux. Celle de droite avait les seins nus, barrés d'une traînée de boue. Il ressentait une souffrance qu'il ne croyait pas pouvoir éprouver. Il lui semblait vivre le cauchemar de quelqu'un d'autre. Il leva les yeux vers son adjoint, debout près du bureau.

— Connaît-on l'heure exacte ?

— Oui, onze heures trente. Ça s'est passé entre Talkha et Doumiat au seul endroit où le canal a trois mètres de profondeur. Mektoub ! Deux fellahs sont arrivés très vite. Ils ont sondé le canal et tiré la voiture avec leurs génisses. A côté des corps, la police n'a retrouvé qu'un petit Coran.

Le Coran sur lequel elle lui avait fait jurer le

secret sur sa mission et auquel elle tenait comme à la prunelle de ses yeux. Il se souvint que jadis, quand il appartenait encore au petit groupe du Mena House qui passait la nuit autour d'elle à rire et à boire, elle portait le Livre à ses lèvres quand le soleil jaillissait du désert pour remercier Dieu d'avoir créé tant de beauté. Non, elle ne serait jamais devenue une star d'Hollywood. Elle était druze et elle récitait la sourate du Trône en cas de danger.

— Quelle mort affreuse ! dit-il soudain.

Il s'en voulut aussitôt : la sortie de scène d'Asmahane méritait mieux que cette banalité. Il enchaîna, sans la moindre illusion.

— Il n'est pas impossible que le chauffeur se soit sauvé sous le coup de la panique. Dans ce cas, ce serait un accident.

— Un curieux accident ! Le remplaçant du chauffeur n'avait rien à voir avec les studios Misr. Il a disparu et, si tu veux mon avis, on n'est pas près de mettre la main dessus.

Bien sûr, c'était un meurtre. Un double meurtre. La gorge sèche, Mohamad regarda sa montre. Il fallait boucler. Il savait trop bien ce que feraient beaucoup de confrères : sous prétexte de rendre hommage à l'enfant chérie de l'Égypte, on allait fouiller dans sa vie et ses secrets. Il y avait ce que l'on savait déjà, mais aussi beaucoup de choses à découvrir. On ferait d'elle à la fois une sainte, une espionne et une putain, selon le goût du jour. Il serra les poings.

— Non, Ali, pas celle-là.

Son adjoint venait de lui tendre une photo où Amal paraissait provocante sous la lumière violente d'une rampe de néon.

— Pourquoi ? Il faut que les gens la retrouvent telle qu'ils l'ont aimée ! Tu ne veux tout de même pas leur montrer un cliché de la police ?

— Bien sûr qu'il faut qu'elle soit belle. Il faut même son sourire. Mais pas ce sourire-là ! Et puis la dissonance avec l'interview est trop forte.

Il sentait sa douleur se doubler d'une colère impuissante. Cette image-là, quoi qu'il fasse, serait celle qui resterait d'Amal al-Attrach. Le jour même de sa mort, il l'avait croisée dans les couloirs des studios Misr. Elle portait un pantalon bleu, l'un de ses énormes chapeaux de paille et des sandales. Elle n'était pas maquillée. Elle avait à peine répondu à son salut, comme absente. Elle lui avait tendu la joue pour un baiser de vieux amis plus ou moins réconciliés. Son projet de film américain lui tournait la tête. Et il ne la reverrait plus jamais. Un sanglot montait, qu'il étouffa de justesse. Qui l'avait tuée avec cette férocité glacée ? Les Anglais ? Ils en étaient très capables, et n'auraient pas reculé devant la mort d'une innocente compatriote. Les Juifs ? Les Allemands ? Tout était possible. En tout cas, c'était sûrement une opération préparée par des professionnels, par des gens des services spéciaux. Les Druzes ne tuaient pas de cette façon-là. Il se rappela qu'un soir, à Beyrouth, une balle l'avait frôlée alors qu'elle passait devant sa fenêtre. Elle venait de livrer l'or aux Druzes, et c'était sans doute un avertissement. Mais de qui ? Toute la presse allait se précipiter sur cette énigme. On soutiendrait bientôt les thèses les plus folles et il y aurait des gens pour croire que la reine Nazli s'était vengée, qu'Oum Kalsoum, jalouse, avait fait taire la deuxième voix d'Égypte. Le mystère de sa mort ! Ce qui fascinait Mohamad, c'était le mystère de sa vie. Il se souvint de la dernière image de son dernier film : Youssef Wehbé, l'acteur principal, accablé, marchait derrière un cercueil.

— Bon, il faut penser au titre de une, dit-il.

— Qu'est-ce qu'on fait de l'interview ?

Quelques jours plus tôt, le benjamin de l'équipe avait eu un entretien avec elle. Il rôdait dans la pièce voisine, autour de la grande table de conférence, partagé entre son chagrin et l'espoir de voir son papier faire l'ouverture du journal. Le texte était surprenant : « Je chante, disait-elle, parce que j'ai longtemps cru que chanter donnerait un sens à ma vie, et je sais maintenant que chanter ne sert à rien. En fait, je cherche autre chose. »

Mohamad se demandait ce qu'elle avait voulu dire. Elle n'avait pas cherché seulement la célébrité et l'argent. Alors quoi ? Le salut des Druzes, le rêve de la nation arabe, l'amour qu'il aurait pu lui donner ? Peut-être. Mais il n'avait pas su, pas voulu, pas osé. Journalistiquement, l'interview était à peine publiable ; que penseraient l'étudiant du Caire, le commerçant d'Alep ou le petit employé de Bagdad en lisant qu'aux yeux de leur idole, chanter ne servait à rien ? Mais peu importait, c'étaient bien les derniers mots qu'elle avait adressés à son public et on ne pouvait pas les lui refuser. Il songea au nom que, vingt ans plus tôt, il avait donné à son journal : *La Dernière Heure !* Aujourd'hui, il lui paraissait plein d'une ironie amère. Il se remémora la trajectoire d'Amal : c'est la mort qui fait de la vie un destin.

— Choisissons d'abord les photos, dit-il.

Dans la liasse des photographies, luisantes comme si elles aussi avaient été noyées, il choisit celles qu'on utiliserait pour les pages intérieures où elle figurait avec Farouk, Spears, Catroux, ou entourée de fillettes agitant de petits drapeaux lors de la visite du général de Gaulle à Soueïda. Pour la une, laquelle Amal allait-il retenir ? Elle se métamorphosait sous ses yeux, naïve, artificielle, ténébreuse. Oui, elle avait été très belle, mais sa beauté, sur le carton glacé, se diffractait comme la lumière d'une étoile. Avait-elle été cette Bédouine ruisselante de pièces d'argent qui défiait le photographe de ses yeux de chat sauvage ? Cette madone en mousseline blanche, juchée sur un tabouret de bar ? Cette vamp, un gardénia émergeant à la naissance des seins ?

Jamais il n'avait mieux entendu sa voix que devant ces images muettes. Il la revoyait se pencher sur son micro comme si elle cueillait une rose pour la déposer sur un autel, offrande pour les dons reçus et les malheurs qui les avaient accompagnés.

— Celle-ci, dit-il.

Sur fond clair, avec la masse de ses cheveux bruns dénouée, elle était à la fois la chanteuse populaire acclamée par l'Égypte et la femme insaisissable qu'il n'avait pas su aimer.

— Pour la légende, tu mettras entre guillemets : « Je cherche autre chose. »

Ce qu'elle cherchait, elle l'avait peut-être trouvé. Les Druzes croyaient à la réincarnation. Où était allée se loger son âme tourmentée ? Une nuit, ils revenaient ensemble de Ras el-Barr par la route qui devait lui être fatale. Elle lui chantonnait les vers d'al-Maari que Farid avait mis en musique pour elle.

Qu'importent opinions et religions
Moi je préfère les pleurs aux chansons.
Où sont les tombes d'antan ?

Cette nuit-là, elle lui avait demandé d'arrêter la voiture pour écouter le silence, puis elle lui avait dit : « Tu sais, la fameuse voix du désert, ce n'est pas la voix de Dieu. Ce sont nos désirs usés par le vent. »

Ali caressa le carton lustré, avant de le tendre au chef clicheur qui s'impatientait près de lui.

— Tu cadreras un peu plus serré, en accusant le contraste, indiqua-t-il. N'oublie pas que cette saleté de papier boit beaucoup.

Il interrogea du regard Mohamad.

— Pour la tourne, on pourrait prendre une photo où vous êtes tous les deux ?

Il y avait dans sa voix plus que de l'amitié : de la compassion. Tout le monde savait que le patron avait été très proche de la morte, mais qui pouvait soupçonner la vérité, l'étrange mariage blanc, seule forme qu'ait pu revêtir leur amour ? Il désigna d'un geste une photo prise à Jérusalem. Puis ils examinèrent les autres clichés, rassemblés dans plusieurs gros dossiers.

— Pour Mary, celle-ci fera l'affaire, dit Mohamad en extrayant de la pile un cliché où les deux amies, assises côte à côte, souriaient.

— Mary Baines vaut mieux que cela. Elle s'est noyée elle aussi et ça intéresse les lecteurs. On a beaucoup de photos de Camélia. Il faut aussi les frères, bien sûr. Surtout Farid, puisqu'ils ont tourné des films ensemble. A propos, pour Hassan al-Attrach, qu'est-ce qu'on fait ? On ne sait jamais avec ces Druzes !

— Non, tu peux tout passer. Les deux mariages. L'entrée botte à botte à Damas. L'émir ne dira rien.

Le chagrin de Hassan devait un peu ressembler

au sien : la douleur insaisissable que donne la perte d'un être que l'on n'a pas su comprendre.

— Ça roule ! dit Ali en entassant les photos retenues. Tu devrais aller dormir un peu, Mohamad, tu as l'air crevé.

— Je n'ai pas envie de rentrer chez moi. Je vais attendre le premier tirage dans mon bureau. Appelle-moi s'il y a un problème.

— Il n'y en aura pas. Pour le titre de une, « La mort d'Asmahane » ? Tout simplement ?

Mohamad réfléchit un instant. Il se représentait les deux mots menaçants comme des sabres, calligraphiés sur toute la largeur de la page. Non, ce titre-là lui ferait peur. Conscient de l'absurdité de la chose, il s'aperçut qu'il fabriquait son journal pour elle, comme si elle seule devait le lire.

— Non, pas le mot « mort » !

— Alors quoi ?

— « Adieu, Asmahane ! »

Il s'assura qu'il avait encore des cigarettes, et alla s'installer dans son bureau. Au-dessus du vieux fauteuil de cuir, les pales du ventilateur tournaient en silence. Il s'assoupit plusieurs fois d'un sommeil lourd, traversé de rêves où il la retrouvait, mais dont ne subsistait que le sentiment fugace d'une colère ou d'un sourire.

Vers six heures du matin, il fut réveillé par le chaouch qui apportait, avec un bol de café, le premier exemplaire sorti des rotatives. L'encrage était désastreux, mais un miracle s'était produit. Les traits d'Amal reflétaient la sérénité d'un matin de printemps au bord du Nil. Elle tenait dans ses mains une rose, que Mohamad n'avait pas remarquée sur l'original. Le tirage avait flétri la fleur, et seul son visage allait affronter victorieusement la malédiction du temps.

Cet ouvrage a été réalisé par la
SOCIÉTÉ NOUVELLE FIRMIN-DIDOT
Mesnil-sur-l'Estrée
pour le compte des Éditions Grasset
en avril 1998

Imprimé en France
Dépôt légal : mai 1998
N° d'impression : 42169
N° d'édition : 10777
ISBN : 2-246-50511-9